[美]史蒂文·约翰逊
（Steven Johnson）著

何珊 译

长寿简史

EXTRA LIFE

A Short History of
Living Longer

中信出版集团 | 北京

图书在版编目（CIP）数据

长寿简史 /（美）史蒂文·约翰逊著；何珊译. --
北京：中信出版社，2025.4. -- ISBN 978-7-5217
-7244-9
Ⅰ. D035.29
中国国家版本馆 CIP 数据核字第 2025XT8503 号

EXTRA LIFE: A Short History of Living Longer
All rights reserved including the right of reproduction in whole or in part in any form.
Copyright © 2021 by Steven Johnson
This edition published by arrangement with Riverhead Books, an imprint of Penguin Publishing Group, a division of Penguin Random House, LLC.
Simplified Chinese translation copyright © 2025 by CITIC Press Corporation
ALL RIGHTS RESERVED
本书仅限中国大陆地区发行销售

长寿简史

著者：　　［美］史蒂文·约翰逊
译者：　　何珊
出版发行：中信出版集团股份有限公司
　　　　　（北京市朝阳区东三环北路 27 号嘉铭中心　邮编　100020）
承印者：　北京通州皇家印刷厂

开本：880mm×1230mm 1/32　　印张：8.75　　　字数：182 千字
版次：2025 年 4 月第 1 版　　　　印次：2025 年 4 月第 1 次印刷
京权图字：01-2025-0851　　　　　书号：ISBN 978-7-5217-7244-9
定价：59.00 元

版权所有·侵权必究
如有印刷、装订问题，本公司负责调换。
服务热线：400-600-8099
投稿邮箱：author@citicpub.com

献给我的母亲

目录

引言　　**两万天**　*01*

第一章　**长期存在的"天花板"**：衡量预期寿命　　*001*
第二章　**灾难列表之天花**：人痘接种和疫苗　　*031*
第三章　**生命统计**：数据和流行病学　　*059*
第四章　**牛奶安全**：巴氏杀菌和加氯处理　　*087*
第五章　**超越安慰剂效应**：药品监管及检验　　*113*
第六章　**改变世界的霉菌**：抗生素　　*135*
第七章　**鸡蛋下落实验和火箭橇试验**：汽车和工业安全　　*157*
第八章　**喂饱世界**：饥荒的减少　　*181*

结语　**再访波拉岛**　*199*
致谢　*233*
注释　*237*
参考文献　*243*

引言　两万天

　　章克申城镇以北的堪萨斯河流域驻军的历史可追溯到1853年。在加利福尼亚淘金热兴起后的几年里，那里设立了一个哨所，以保护西行的旅行者。几十年间，这个被称作赖利堡的地方逐渐为人所知，它一度还被当作美国的骑兵学校。1917年，当美国军队正为美国参加一战做准备时，一座5万人的小城几乎一夜之间拔地而起，用来训练赴海外参战的美国中西部地区士兵。

　　曾被称作芬斯顿军营的地方有3 000座临时建筑，除了常规的营房、食堂、指挥官办公室，还有杂货店、剧院，甚至一间咖啡馆。对年轻的新兵来说，这座新兴城市有很多便利设施。一名士兵在家书中提到在芬斯顿军营中能够欣赏到劳军的交响乐。但临时建筑意味着大部分营房几乎没有相互隔绝。营地建好后的第一年，那里的冬天出奇地寒冷，迫使本就住在紧挨着的营房中的士兵在宿舍和食堂的炉灶旁扎堆取暖。

　　1918年3月初，冬日接近尾声，一名叫艾伯特·吉切尔的

27岁二等兵来到医务室，自诉出现了肌肉疼痛和发热的症状。[1]吉切尔是屠夫出身，作为炊事员，在芬斯顿军营的食堂工作，为数百名正在接受军事训练的战友准备伙食。医生诊断其患有流感，将其送至了传染病房，希望以此阻断疾病的传播，但这一防治措施为时已晚。一周之内，芬斯顿军营中数百人报告了流感症状。到4月，芬斯顿军营中有超过1 000名士兵住院，其中38人死亡——鉴于这是一种通常只对老幼产生威胁的疾病，这一死亡率高得惊人。

最早表明堪萨斯军事基地情况不妙的，是人满为患的医务室（见图0-1）和芬斯顿军营太平间里堆积的尸体。但直到几十年后，随着电子显微镜的发展，那里的真实情形才为科学家所掌握。在艾伯特·吉切尔的肺里，一个长满刺状物的球体附着在其呼吸道表面的细胞膜上。球体穿过细胞膜，进入细胞质，将自己有限的遗传密码与吉切尔的遗传密码融合，并开始自我复制。大约10个小时之内，细胞中便充满了新复制的球体，将细胞膜撑至临界点，直至细胞在一个灾难性的瞬间突然爆炸，在吉切尔的呼吸道内释放出数十万个新球体。有些球体通过咳嗽或者打喷嚏进入食堂和营房的空气中，其他的则留在吉切尔的肺部，以同样野蛮的自我复制机制占有其他细胞。

芬斯顿军营的医生当时无法知道，侵袭艾伯特·吉切尔肺部的球体形成了一种新的H1N1病毒，它将在接下来的两年里，在俗称"西班牙流感"的疫情中席卷全世界。如同病毒本身在吉切尔的呼吸道中自我复制一样，在接下来的几个月里，芬斯顿军营

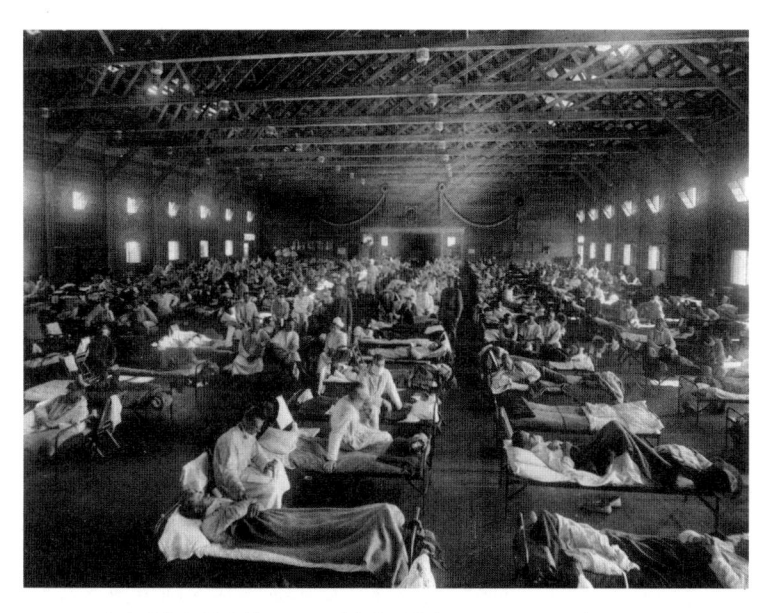

图 0-1 大流感期间的急救医院,堪萨斯州芬斯顿军营,1918 年

的情形将在全球各地的军事基地上演,这是因为士兵源源不断地涌向美国各地和欧洲前线。美军将病毒带到法国布列塔尼大区西北部边缘的布雷斯特军港,病毒随后于 4 月下旬在巴黎暴发。意大利紧随其后。5 月 22 日,马德里《太阳报》报道称,"一种尚未被医生诊断出来的疾病"[2]正在马德里驻军中肆虐。至 5 月底,该病毒已在印度、中国和新西兰蔓延。

与大多数流感病毒相比,1918 年春席卷全球的 H1N1 病毒以惊人的速度传播,它很容易在人与人之间传播,并且引发许多人的肺部细胞破裂。但它并不十分致命。这种流感能以可怕的速度在如此短的时间内席卷全球,也就是说,"球体"在肺部快速地进行自我复制。但很多人都从这场流行病中康复了。用专业术语来讲，该病毒显示出较高的发病率和较低的死亡率。它有惊人的自我复制能力，但一般不会让宿主死亡。

而1918年秋暴发的H1N1病毒就没那么仁慈了。

直到今天，科学家们还在争论，为什么1918年的第二轮"西班牙流感"病毒比当年春天首次出现的病毒的毒力强得多。一些人认为，这两轮流感由不同的H1N1病毒的变种引发。另一些人则认为，两种不同的病毒在欧洲相遇，以某种方式组合成一种新的更致命的变种。还有人认为，最初流感症状较轻的原因在于，病毒刚从动物宿主传播到人类宿主，需几个月的时间才能很好地适应其在智人呼吸道中的新生境。[3]

无论根本原因是什么，第二轮流感带来的死亡结果都是令人震惊的。在美国，新的疫情首先出现在德文斯军营。这一军事基地位于波士顿郊区，人满为患。到9月的第三周，军营中1/5的人员感染了流感，其发病率超过了芬斯顿军营H1N1流感暴发时的发病率。但真正让德文斯军营的医务人员震惊的是死亡率。一名军医写道：

> 仅仅几个小时就会死亡，这太可怕了。看到1个、2个或20个人死去，我们尚可忍受，但这么多可怜虫像苍蝇一样纷纷倒下……平均每天有大约100人死去……患上肺炎在几乎所有情况下都意味着死亡……我们失去了大量护士和医生，阿耶尔小镇的景象惨不忍睹。运送死者需要用专列。好几天都没有棺

材，尸体堆积如山……这比法国任何一场战斗结束后的场景都更为惨烈。超长的营房已被腾出，用作太平间。死去的士兵被穿戴整齐，排成了长长的两排，路过的人惊恐万状。[4]

紧随德文斯军营，世界各地暴发了更多灾难性的疫情。1919年美国的死亡人口中，有近半数死于这种流感。数百万人在欧洲的前线和军医院死去。印度部分地区感染者的死亡率接近20%，比第一轮疫情的死亡率高出一个数量级。今天最可靠的估计表明，在世界各地疫情暴发期间，多达1亿人死于流感。约翰·巴里著有关于这次疫情的权威著作——《大流感》，他在书中提到了相关数据："1918年，世界人口约为18亿。这一最高估值意味着两年之内世界上有超过5%的人口死亡，而大部分人死于1918年秋的12周内。"[5]

死亡率报告揭示了这一流行病的另一个令人不安的情况：1918—1919年的H1N1流感对年轻人尤为致命，通常情况下他们是在普通流感季节抵抗力最强的人群。巴里指出，在美国，"死亡人数最多的人群是25岁至29岁的男性和女性，30岁至34岁的人群紧随其后，排名第三的是20岁至24岁的人群。而且，上述以5年为一个年龄段的人群，任意一组的死亡人数都多于60岁以上人群的总死亡人数"。[6]这种不寻常的情况部分是因为病毒在军营和军医院的密闭空间中近距离传播。科学家还认为，1900年出现的一种类似的病毒使得相当一部分老年人对"西班牙流感"病毒的变种产生了免疫力。

后来计算并制作的有关这一时期的预期寿命图表，清晰地展示了"西班牙流感"不同寻常的年龄分布。在 H1N1 流感暴发期间，50 岁以下人群的预期寿命急剧下降，而 70 岁人群的预期寿命则未受影响。但总的来说，情况不容乐观。在美国，几乎一夜之间，平均预期寿命骤降了整整 10 岁。印度则可能遭遇了人类有史以来——无论是工业社会还是农业社会或狩猎采集社会——的最低预期寿命。在英格兰和威尔士，预期寿命已经连续增长了半个世纪，结果在短短 3 年内就被因战争而扩散的病毒抵消。一战前夕，不仅是精英阶层，总体人口出生时的预期寿命都已达到 55 岁。然而，等世界大战和大流感的双重灾难结束时，英格兰和威尔士的新生儿预期寿命只有 41 岁，和伊丽莎白时代①人口的预期寿命相差无几。

随着 H1N1 病毒在世界各地不断蔓延，陆军科学家维克托·沃恩早在估算出这些数据之前就开始分析来自欧洲前线的大致伤亡人数。他在一封亲笔信中推测："如果疫情以数量级的速度加速扩散，文明很可能会消失……再过几周就会从地球表面彻底消失。"[7]

假设你回到 1918 年年末，你在德文斯军营查看堆放在临时太平间里的尸体，或者你漫步在孟买街头，在那里，超过 5% 的人口在过去的几个月里死于流感。假设你在参观欧洲的军医院，

---

① 伊丽莎白时代（1558—1603 年），即英国伊丽莎白一世女王统治英国的时期。——译者注

看到许许多多年轻的身体被机枪、坦克、轰炸机等新式战争装备以及H1N1流感摧毁。假设你知道战争和疫情带来的伤亡会折损全球人口的预期寿命，全世界的健康状况会从20世纪倒退至17世纪。在战争和疫情结束之时，身边的尸体堆积如山，你会对接下来的100年做何预测？过去半个世纪以来的进步是否只是侥幸，很容易被战争和全球化时代日益增加的流行病风险抵消？还是如同维克托·沃恩所担心的，"西班牙流感"是否预示着更为黑暗的结果，某种呈"数量级增长"的毒力更强的危险病毒会导致文明在全球范围内崩溃？

随着全世界慢慢从大战和H1N1流感的双重风暴中恢复，上述两种可怕的情况似乎都有可能发生。但实际上它们都没有发生，这着实令人惊讶。人们并未走上预测的惨淡道路，而是迎来了一个意想不到的世纪。

1916年至1920年是全球人口的预期寿命将出现重大逆转的最后时期。（第二次世界大战期间，预期寿命确实短暂下降，但无法与"大流感"期间的严重程度相提并论。）1920年出生的英国人的预期寿命为41岁，他们的后代现在的预期寿命为80岁。虽然西方社会在这一时期的前半段取得了大量进步，但在过去的几十年中，预期寿命在以中国和印度为首的发展中国家实现了前所未有的快速增长。100年前，生活在孟买或德里的人活到年近而立就很不错了；而今天，南亚次大陆居民的平均预期寿命已经超过70岁。沃恩说的对，未来的确有非同寻常的"数量级增长"，只不过这种增长是积极的：越来越多的生命没有被摧毁，而是得到了挽救。

但这一进步的步伐也并非不可阻挡。新冠疫情几乎恰好出现在大流感结束后的 100 年之际，它提醒着我们一个可怕的事实：在快速传播的传染病面前，全球范围内互联互通的世界更为不堪一击。迄今为止，新冠疫情已使美国人的预期寿命缩短了大约一岁，非裔美国人群体则缩短了大约两岁。疫情尽管带来了恐惧和悲剧，但也展示了人类自 1918 年以来的 100 年间所取得的进步。全世界总人口是 1918 年的 4 倍左右，但新冠疫情造成的死亡人数还不到 1918 年大流感的 1%。某些评估显示，虽然在疫情暴发早期的 2020 年上半年走了一些弯路，但其间的公共干预措施仍然挽救了超过 100 万人的生命。然而，另一种病毒可能将新冠病毒的隐性无症状传播与 1918 年大流感病毒高得多的病死率相结合，像冠状病毒杀死老年人一样无情地杀死儿童和年轻人。如果我们想要避免如此大规模的健康危机，并继续在延长人类寿命方面取得巨大进展，我们就需要了解过去 100 年间推动此等重大变化的力量——不仅是为了庆祝取得的成就，还要在此基础上再接再厉。

大流感结束之后的 100 年间，人类健康的总体发展情况可以用三张图来说明。让我们从最简单的图开始，回到 17 世纪中叶，看看当时英国人的预期寿命（见图 0-2）。[8]

这张极其重要的图展现了人类以及地球发生的变化。在 17 世纪 60 年代初，当人们首次尝试计算预期寿命之时，英国人的平均寿命刚刚超过 30 岁。今天，英国新生儿的预期寿命已经增

预期寿命

图中显示了一段时间内出生人口的预期寿命,即新生儿在特定年份的死亡率终其一生保持不变的情况下的平均存活年限

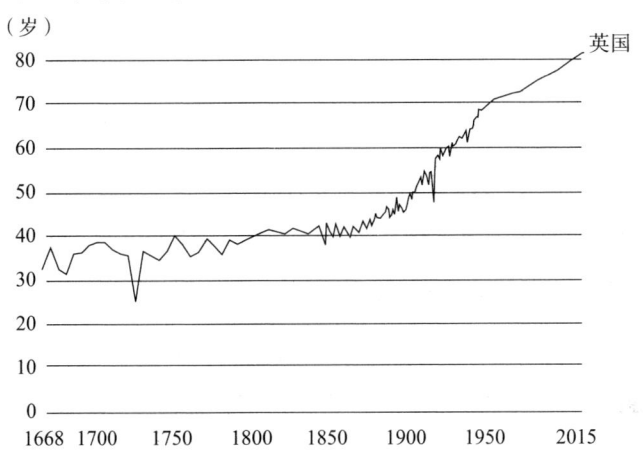

图 0-2 英国 1668—2015 年出生人口的预期寿命
资料来源:One World in Data。

长了整整 50 岁。而且,这种惊人的增长在世界范围内一次又一次地出现。过去三四个世纪里取得的所有进步,包括科学方法、医学突破、公共卫生机构的建立、生活水平的提高等,让我们的平均寿命延长了两万天。数十亿原本没有机会活到成年,更别提拥有自己孩子的人,现在都享有了这些最为宝贵的机会。

在人类进步的衡量标准中,很少有像这一点那样令人惊异。从长远来看,这延长的两万天应该成为每份报纸每天的头条新闻。但是,延长的人类寿命几乎从未出现在报纸头版头条上,因为它几乎完全不具有推动新闻传播的传统戏剧性色彩。这只是一个普普通通的关于进步的故事:杰出的创意与协作在远离公众关注焦

点下展开，由此带来的进步是循序渐进的，历经数十年才能显示其真正的重要性。因此，我们也能够理解为何新闻会选择关注短期内引起轰动的事件，如即将进行的选举、名人丑闻等，它们将人们的注意力从核心问题转移至肤浅的轰动性事件。如果缺乏长远眼光，我们就会遗忘那些曾让祖辈感到恐惧的威胁，如今它们早已转变为平凡且可控的情形，以至于我们大多数人根本不会考虑它们。尽管这种选择性记忆也是进步的一大标志，但它有一个令人遗憾的副作用。如果不去考虑那些已经被人类解决的威胁，我们很容易被分散注意力，而忽视过去 100 年来人类健康和社会福祉方面取得的基本进步。如果不反思过去，我们就无法从中吸取教训，无法利用那段历史来更为清晰地思考我们目前在延长人类寿命的过程中应该追求什么样的进步，也无法利用那段历史来应对这些进步带来的不可避免、意想不到的后果，也不太可能相信现有的资源和机制能应对诸如新冠疫情等新出现的威胁。我们有关于比尔·盖茨通过大规模疫苗接种植入微芯片的荒谬阴谋论，也有针对佩戴口罩等简单行为的公然敌视，部分原因是我们忘记了科学、医学和公共卫生作为一种文化，在过去几代人的时间里多大程度上提高了普通人的平均寿命的质量（和长度）。

从某种意义上说，一道隐形屏障在过去几个世纪里逐步建立起来，而人类越来越依赖这道屏障的保护，它让我们更安全，离死亡更远。它通过无数大大小小的干预措施来保护我们：饮用水中的氯，消除天花的"包围接种"技术，掌握全球最新疫情信息的数据中心，等等。我们对这些创新和机制的关注远远不及我们经常给予硅谷亿万富翁、好莱坞影星甚至军事指挥官的关注。但它们在我们周围建立的公共卫生屏障（最显著的衡量标准就是人类预期寿命翻了一番），的确是人类历史上最伟大的成就之一。诸如新冠疫情这样的危机为我们提供了一个看待所有这些进步的新视角。疫情的有意思之处是，它会使隐形的屏障突然变得暂时可见。这个时候，我们就会意识到日常生活对医学科学、医院、公共卫生机构、药品供应链等的高度依赖。新冠疫情这样的危机还能起到其他作用：它帮助我们了解屏障上的漏洞、薄弱之处，了解保护自己免受突发威胁所需要的新的科学突破、新的体系、新的方法。

大多数的历史书都以某个人物、某个事件或某个地点为核心，如一位伟大领袖、一场军事冲突、一座城市或一个国家。相比之下，本书讲述的故事是关于一个数字的：世界人口的预期寿命不断提高，在短短一个世纪里让我们获得了额外的寿命。本书试图了解这种进步从何而来，是何种突破、协作及机制使得这一目标成为可能，也尝试严谨地回答这一问题：在这延长的两万天中，有多少天来自疫苗的使用，有多少天来自随机对照试验，又有多少天来自饥荒的减少？第一份让人们开始思考预期寿命的死亡率报告是为了了解17世纪英国人的死因。而本书则完全不同，它所探究的是：究竟是何种力量让现在的我们活下去。

总体预期寿命图的确很重要，但确实传递了一个略带误导性的信息，让人们幻想在不久的将来就能长生不老。如果把目前人类延长的寿命视作平均值，那么增长就会失控。假设你按下快进键，想象这一趋势在未来一个世纪将会如何发展：按照目前的上升趋势继续下去，人类的"平均"寿命将达到160岁。

但如果把本书中的故事仅仅看作图上的一个分布区间，情况就会有所不同。死亡率最为显著的下降发生在生命的头10年。当代成年人当然比工业革命鼎盛时期的成年人寿命更长，如今全球的百岁老人人数是1990年的4倍，但从平均预期寿命图来看，这种差异并没有预期的那么显著。超过两个世纪以前，就有许多人活到了60岁以上（如美国的开国元勋：杰斐逊、麦迪逊和富兰克林都活到了80多岁，亚当斯活到90多岁）。但婴幼儿的死亡率急剧下降。如果大量人口在5个月或者5岁时死亡，这些人的死亡就会大幅拉低总体平均寿命。但如果这些孩子中的大部分能活到成年，平均预期寿命就会大幅上升。

设想一个只有10人的群体，你就能更为清楚地理解这一结果。如果他们中的三人在两岁时死亡，也就是说这个群体的儿童死亡率约为30%，而其余人能活到70岁，那么这个群体的平均预期寿命则约为49岁。如果这三人一直活下去，和其余人一样活到70岁，总体平均预期寿命就会达到70岁，直接提升了约21岁。但在这种情况下，成年人的寿命并没有增长，只是孩子的死亡率下降了。

早夭带来的巨大影响是人口统计学家区分"出生时"的预期寿命和其他年龄段的预期寿命的原因。在许多社会中，出生时的预期寿命明显低于15岁或20岁时的预期寿命，因为婴儿期或幼儿期的死亡风险非常高。比如说，一名新生儿的预期寿命可能只有 30 岁，而一名年轻的成年人则很可能活到 50 岁或更长。在大多数现代社会中，儿童死亡率都较低，人们每活一年都会降低后续可预期的总寿命，也就是说，每增长一岁，离生命的尽头就更近一年。但儿童死亡率较高的社会则是相反的模式：随着年龄的增长，预期死亡反而会越来越远，至少会持续到成年早期。

这一切都意味着，预期寿命失控增长的图应始终伴随着第二张图（见图 0-3），该图记录了同样不可思议的儿童死亡率走向。[9]

全球儿童死亡率
全球人口 5 岁以下死亡率及存活率

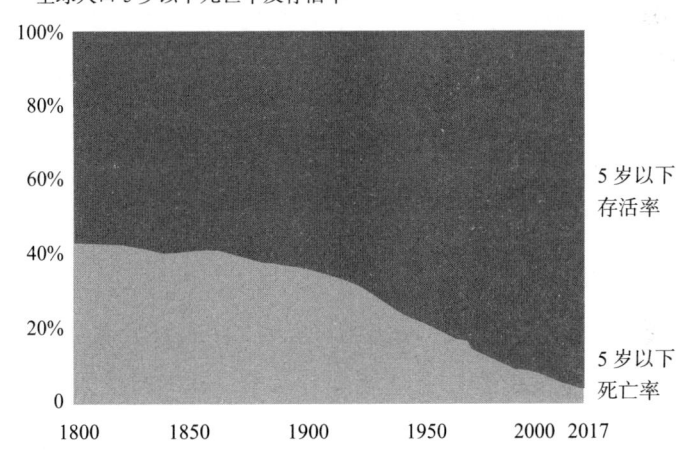

图 0-3　1800—2017 年全球儿童死亡率
资料来源：Gapminder and the World Bank, ourworldindata.org/a-history-of-global-living-conditions-in-5-charts。

本书从两个简明但惊人的事实开始：作为一个物种，人类在短短一个世纪的时间就将预期寿命翻了一番，而且我们将儿童死亡这一人类最悲惨的经历的概率也降低了 90% 以上。

本书的核心是研究社会如何发生富有意义的变化。100 年前，当人们刚开始统计"西班牙流感"的死亡人数时，全球人口的预期寿命有可能达到 70 岁的想法似乎相当荒谬。而这在今天业已成为现实。从过去到现在发生了怎样的变化？事实上，这个问题并不新颖。几乎在人口统计学家注意到预期寿命增长的同时，学者和公共卫生专家就开始讨论到底是什么推动了这一变化。他们开展的各种调查构成了本书的主线之一，这是因为了解积极变化的缘起往往与了解最初导致变化的具体突破同样重要——部分原因是它能够让你摒弃错误臆测或虚假疗法，另一部分原因是它能扩大真正有效的干预措施的应用范围。

作为一部历史作品，本书并非围绕著名领袖生平抑或传奇海战，而是围绕人口统计趋势组织起来的，这在结构层面的确面临一些有趣的挑战。一千个英雄的故事该如何讲述？按照时间顺序叙事会使读者对同一条时间线上的诸多事件应接不暇，如 X 射线、抗生素、脊髓灰质炎疫苗等接二连三问世的创新发明。本书另辟蹊径，开篇便直截了当地定义了几类最有意义的变化，它们足以解释过去一个世纪里人类预期寿命延长一倍的原因。其中一些类别的变化是显而易见的，如新冠疫情时代的"圣杯"[①]——疫苗，而其他类别则没那么容易清晰定义。评判标准

[①] 圣杯，耶稣在受难前的晚宴上使用过的一只葡萄酒杯，象征具有神奇力量的事物。——译者注

到底是什么？也许有一天，我们能够提出一些实用又经典的标准作为分类的绝佳准则，如某个特定的理念能延长多少预期寿命，但这种测算在现实世界中很难进行。首先，这种做法从定义上讲显然是与现实相悖的。我们统计的是被挽救的生命而非死亡人数。多亏了死亡率报告和公共卫生记录的出现，现在很容易就能计算出有多少人死于某种特定的威胁，如肺炎或车祸。在世界许多地方，你只需轻击几下鼠标便可下载这些数据的 Excel（电子表格）文件。但一旦你进入另一条时间线的假设领域——如果没有特别的干预措施，有多少人会丧生？——你就进入了一个较为模糊的地带。一种方法是直接从干预措施被广泛采用之前的死亡率倒推。举个例子，在安全带被发明并普及之前，美国每 1 亿英里[①]里程就有 6 人死于车祸。如果当时的死亡率保持不变，那么在之后的半个世纪里，就另有 1 000 万美国人死于交通事故。但如我们所见，在过去那段时间里，除了安全带，还有其他一系列因素如安全气囊、反醉驾母亲协会[②]、碰撞缓冲区提升了驾驶的安全性，汽车设计和道路安全方面的其他众多小优化也起了作用。

在人类健康史上，推动进步的创新难免与其他创新交织。例如，在历史长河中，人们曾尝试评估各项发明在挽救生命方面的效果，结果表明，自 19 世纪 60 年代马桶开始大规模应用以来，

---

① 1 英里约为 1.61 千米。——编者注
② 反醉驾母亲协会，美国非营利民间组织，旨在制止酒后驾车、帮助受害者、防止未成年人饮酒、推动更为严格的酒类政策。该组织 1980 年成立于加利福尼亚州，发起人坎迪丝·莱特纳 13 岁的女儿死于醉酒者驾车肇事。——译者注

这件小小的器物共计挽救了超过 10 亿人的生命。诚然，这种说法既有可信之处，又有启发意义。在马桶进入中产阶层家庭后不久，西方工业化国家的预期寿命首次出现了跃升，其关键驱动力之一便是水传播疾病的减少。人们对马桶挽救生命的积极效果给予了高度评价，这让我们认识到，社会的进步不仅仅来自通常与所谓颠覆性创新联系起来的消费技术，也往往体现在致力于解决日常难题的发明中。但要想真正通过马桶改善卫生状况，就必须将其连接到能够分离污水和饮用水的功能完善的下水道系统。要修建造价高昂的下水道系统，则需要摒弃瘴气致病学说，了解经水传播原理。为此，需要公共卫生数据，以及流行病学发展为成熟的科学。是的，很可能正是马桶本身、下水道公共基础设施的完善、水传播疾病理论和流行病学在概念上的突破这一整套复杂的体系挽救了超过 10 亿人的生命，因此不能将所有的功劳都归于马桶。

　　要粗略评估近年来各项干预措施对延长寿命的影响虽然面临现实挑战，但仍然值得一试，因为它有助于我们了解过去哪些干预措施有效，并为未来可能有效的干预措施指明了方向。但这种评估具有模糊性，因此，组织本书的最佳依据是数量级单位，即拯救了数百万人生命的创新、拯救了数亿人生命的创新及拯救了数十亿人生命的创新——延长预期寿命的真正"巨头"。以这种方式组织本书，那么几个世纪以来有关人类寿命延长的故事大致如下。

拯救了数百万人生命的创新：

艾滋病鸡尾酒疗法

麻醉

血管成形术

抗疟药

心肺复苏

胰岛素

肾透析

口服补液疗法

起搏器

放射学

制冷

安全带

拯救了数亿人生命的创新：

抗生素

分叉针头

输血

加氯处理

巴氏杀菌

拯救了数十亿人生命的创新：

人工肥料

马桶／下水道

疫苗

从马桶到分叉针头，将创新按照拯救生命数量的多少进行排序无疑有实际吸引力，后文将会探讨这些非凡突破背后的故事。尽管上述创新都以全新的方式改善了人类的健康状况，但即使简单地把这段历史看作事物的发展，也存在误导之处。我们不能将许多真正重要的变化归结为单一的对象。有时候，关键突破是"元创新"，也就是使新想法更容易产生或传播的新思想。有时候，元创新也包括了操纵信息的方式，或者促进新的协作形式的平台。有时候，元创新是一种新型制度，能够以前所未有的方式扩展拯救生命的理念。有时候，突破是在不相关领域的概念上的进步，这种进步间接拓展了健康领域的可能空间。和大多数推动人类进步的尤里卡[①]故事相比，这类进步更为短暂，这也解释了为什么尽管美国食品和药物管理局（FDA）的设立让人们将真正的药物和虚假疗法区分开来，但诸如偶然发现青霉素的故事却更为人所熟知。但我们将看到，前者对人类健康也产生了巨大影响，常常涉及不张扬的英勇事迹和天才故事，与传统叙事中孜孜以求的探索者及其"尤里卡时刻"一样动人心弦。

最终，我将有关额外的寿命的故事整理成了八大类别。第一

[①] 尤里卡（eureka）意为"找到了！有了！"，源自古希腊学者阿基米德一次在浴盆里洗澡时突发灵感，发现了久未解决的浮力问题的计算办法，于是惊喜地喊出了"尤里卡"。——译者注

类有关预期寿命的概念，它属于测量科学领域的创新之一，并从根本上改变了其研究对象。其他类别是：疫苗；数据和流行病学；巴氏杀菌和加氯处理；卫生法规和检验；抗生素；安全技术和相关规定；抵御饥荒的干预措施。每一个类别为一章，讲述了引入这些新理念的主要人物，以及为确保新理念被广泛接受而斗争的人们的故事。实证公共卫生数据能体现影响力最大的创新，虽然我尝试以数据作为组织章节的依据，但实际的分类仍难免带有主观色彩。有的地方会更多介绍人类健康的发展历程中不那么为人所熟知的故事，也就是说，对一些值得纪念的突破，如塞麦尔维斯和19世纪的微生物理论、近年来与艾滋病的斗争等，书中只是顺便一提。但我也尽量确保书中内容能够反映总体的发展趋势。

从整体来看，这些类别应当传递变化本身的数量级意义，也就是额外的两万天寿命，以及使之成为可能的大量人才、专业知识和各领域间的通力协作。

尽管本书强调进步和积极的变化，但它不应被误认为是对所谓的胜利的庆祝，或躺在功劳簿上的借口。20世纪预期寿命呈失控增长的趋势不会永远持续下去。在我写引言时，新冠病毒的感染人数仍在上升。在疫情暴发之前，美国就存在过量服用阿片类药物和自杀流行的情形，也就是连续三年拉低美国国民预期寿命的所谓的绝望之死，这是自"西班牙流感"结束以来，预期寿命持续时间最长的下降。[10] 在健康领域，世界各地不同的社会经济群体和国家之间仍然存在着显著差距。讽刺的是，预期寿命翻了一番这一史诗般的胜利成果，给世界带来了同样史诗般的系列问题。让我们仔细看看图0-4，它展示了自农业革命以来的全球人口增长情况。[11]

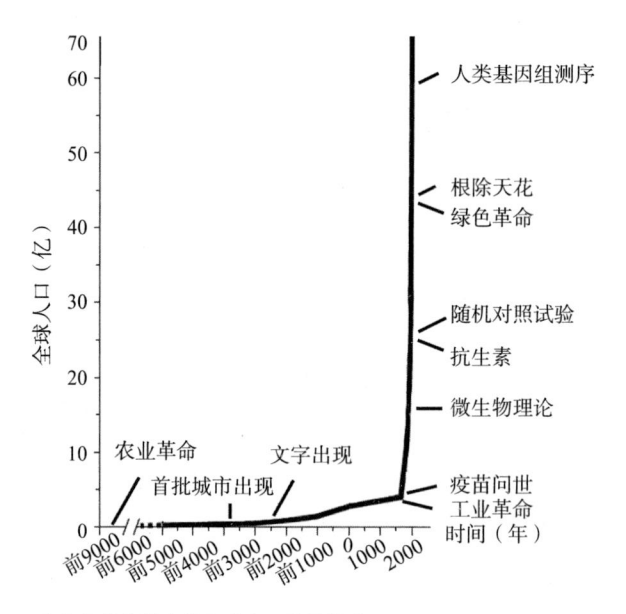

图0-4 自农业革命以来的全球人口增长情况
资料来源：Our World in Data; Fogel, 1999。

上述三张图比较准确地反映了预期寿命的长期走势，这并非偶然：数千年来几乎没有发生有意义的变化，然后在过去两个世纪里突然出现了前所未有的增长。这些图相互印证，因为它们其实都反映了相同的现象。别有用心的政客有时会大肆抨击发展中国家不负责任的高出生率，但事实是，全球人口激增并不是世界范围内的生育率上升造成的。实际上，目前人均生育的子女数量比以往都要少。在过去两个世纪里，真正发生的变化是人们不再过早死亡，尤其是年轻人不再早逝，这一变化首先出现在工业社会，随后发展至全球范围。由于没有过早死亡，大多数人活了足够长的时间，有了自己的孩子，这些孩子也有了后代。增加能够活到生育年龄的人口比例，即便人均生育的孩子较少，全社会仍然会有更多的孩子出生。尽管生育率在不断下降，但只要这种模式在世界范围内重复六七代人，全球人口就能从10亿增长至70亿。

在某种程度上，我们很难不认为这是个天大的好消息：那些原本在婴儿期就会夭折的孩子现在可以有自己的孩子，或者至少能幸运地活到成年。但从图0-4右侧所呈现的失控增长趋势中，我们同样不难看出一丝不祥之兆。这种增长不是健康、稳定、平衡的自然系统中存在的形态，而是更像癌细胞的指数级增殖，或者说是H1N1病毒在呼吸道内的自我复制模式。人类以高明的手段来抵御类似H1N1病毒扩散等情形带来的威胁，却反而创造了一个新的、更高级别的威胁——人类自身。作为众多物种之一，我们现在面临的主要问题是死亡率降低带来的次级效应。出于可以理解的原因，气候变化通常被视为工业革命的次级效应，但如果我们在死亡率没有降低的情况下设法采用了一种由化石燃料驱动的生活方式，换句话说，如果我们发明了蒸汽机、煤电网和汽车，但全球人口仍然保持在1800年的水平，那么气候变化根本就不会成为问题。很简单，因为那时的人口数量不足以对大气中的碳含量产生实质性影响。

因此，我们不应将本书中有关出生时的预期寿命这一简单数字理解为一种无可争议的胜利。任何如此重大的变化从来不会只产生积极的影响。然而，预期寿命翻番确实算得上过去几百年里人类社会取得的最重要的进步之一，部分原因是它带来的影响与我们的关系如此密切，范围也波及全球。在短短几个世纪里，我们设法为自己多争取到两万天的寿命。数以十亿计原本会夭折的孩子能够长大成人，诞下自己的孩子。本书就讲述了这一切是如何发生的。

第一章
长期存在的"天花板"

衡量预期寿命

1967年春，哈佛大学社会学研究生南希·豪厄尔和她的新婚丈夫、人类学家理查德·李从波士顿飞往罗马。在意大利停留了几天后，他们飞往内罗毕，在那里他们见到了理查德的一位学术朋友，并探访了当地的哈扎部落。随后，他们飞往约翰内斯堡，在那里获得补给，并与该地区的几名研究人员进行了交流。[1]他们买下一辆卡车，向北行驶到当时刚刚独立的国家博茨瓦纳，在博茨瓦纳首都获得补给，然后向西北方向行驶，前往奥卡万戈三角洲的沼泽绿洲，当时那里正因季节性降雨而洪水泛滥。他们在马翁镇租下一个邮筒，这个小镇是最后一处设有便利店和加油站等现代设施的偏远村镇。从马翁镇出发，他们沿土路向西行驶约150英里，就来到了卡拉哈里沙漠（卡拉哈迪沙漠的旧称）西部边缘的小村庄诺卡能。

行程至此，南半球已是7月，但在卡拉哈里沙漠边缘，奥卡万戈三角洲被冬季降水完全淹没，无迹可寻。这对新婚夫妇在诺卡能建起了一个中转站，留下了足够后续旅程的汽油，随后向西穿越沙漠，前往纳米比亚边境。最后他们驾车8小时穿过了60英里的干旱土地。[2]

这是一段艰苦的旅程，从某种意义上说，这也是一次回归之旅。在8小时旅程的尽头，是卡拉哈里沙漠中少数几个水源充足之地，这片约10万平方英里[①]的土地贫瘠而平坦，其间分布了9个大大小小的水坑，正是这些水坑滋养了小规模的人类族群。此

[①] 1平方英里约为2.59平方千米。——编者注

处是卡拉哈里沙漠中自然条件较好的地带，因其中一个水坑的名称而被称为"多贝地区"。豪厄尔和李之所以踏上这段艰苦的旅程，是因为多贝地区是孔族人（the !Kung people）的家园，他们仍处于狩猎采集社会，几乎与现代生活中的所有习俗和技术完全隔绝。在过去血雨腥风的几个世纪里，孔族人与非洲其他族群及其欧洲殖民者几乎没有任何接触，勉力幸存了下来。豪厄尔后来观察到，"原因很简单，在南部非洲，更为强大的部族都不愿意掠夺他们的土地，连共享都不愿意"，他们因此受到了保护。[3]

和世界上许多幸存的狩猎采集族群一样，孔族人给了西方人类学家一个颇具启发性的提示——大约一万年前，在农业革命发生之前，祖先的生存环境塑造了智人的绝大部分进化史。早在1967年之前，李已多次探访孔族人，研究他们的社会组织、食物生产技术，以及他们在族群内部管理和共享资源的策略。李的研究推动了一种有关狩猎采集群体的全新思维方式的提出，削弱了人们长期以来持有的观点，其中最为著名的是托马斯·霍布斯对"自然状态"的描述——"与世隔绝、野蛮凶残、穷困短寿"。若近距离仔细观察，你就会发现，孔族人似乎并没有如霍布斯设想的那般在饥饿的边缘艰难度日。虽然周遭自然资源匮乏，但他们似乎享受着相当高的生活水平，每周只劳作不到20个小时就能满足其营养摄入需求。基于对太平洋地区狩猎采集文化的类似研究，人类学家马歇尔·萨林斯提出了一个术语——"原始富足社会"，用来形容人们重新设想出的早期人类社会组织。孔族人及其他类似族群并不代表贫穷匮乏、与现代技术进步毫不沾边的旧时代。

相反，萨林斯认为，"世界上最'原始'的人拥有的财富很少，但他们并不贫穷"。[4] 以西方文明的惯用标准来衡量，孔族人的确很原始，他们不使用晶体管收音机和洗衣机，也没有跨国公司。但如果以食物、家庭、人际关系、闲暇时间等更为基本的标准来衡量，他们似乎比当时传统观念所认为的工业社会要有竞争力得多。

图 1-1 1968 年，南希·豪厄尔与她的同事盖克戈什研究孔族人的社交网络
资料来源：Richard Lee。

正是后一种标准让南希·豪厄尔横跨半个地球来到多贝地区，这也许是衡量人类生活最基本的准则。孔族人至少提供了一些有意义的证据，有助于明确早期人类是否真的"与世隔绝、野蛮凶残、穷困短寿"。但作为一名人口统计学家，豪厄尔对霍布斯的最后一个形容词特别感兴趣。与生活在科技发达社会的人类相比，他们的寿命到底有多短？他们活到足以见到孙辈的可能性有多大？他们失

去自己的孩子，或者在分娩过程中死亡的可能性有多大？毕竟，社会的富足程度可以通过闲暇时间、卡路里摄入量和个人自由等标准来衡量，但一个所谓的富足社会的最重要的衡量标准之一，就是作为这个社会的一员，你寿命有多长，经历的死亡威胁次数有多少。

在他们停留于此的三年时间里，豪厄尔和李通过追踪当地人的亲属关系、妊娠情况及消耗的卡路里得出了大量数据。但对豪厄尔来说，最具吸引力也最难以捉摸的数字，是作为一门科学而存在的人口学之基石：出生时的预期寿命。

这个数字之所以难以捉摸，有以下几个原因：其一，孔族人没有关于其人口史的书面记载，无法向豪厄尔提供人口普查数据或生命表；其二，豪厄尔和李只是在那里待了短短几年时间，还不足以对其人口状况进行纵向研究，观察他们几十年来的出生和死亡情况；而最令人困惑的是，孔族人不知道自己多大年龄，部分原因是他们整个数字系统的最大值为3。如果你询问一名孔族人年龄，你只会得到他们茫然的目光。年龄作为一个数字概念对他们来说根本不存在。

这就是南希·豪厄尔和她的丈夫于1967年7月下旬在多贝地区扎营时面临的挑战。如何算出一个不计算年龄的文化族群的预期寿命？

记录特定文化族群人口年龄的做法几乎和文字本身一样古老。考古证据表明，古巴比伦人就可能出于征税的目的定期进行人口普查，记录总体人口规模和当地居民的年龄，并将数据刻在泥板上。但预期寿命是一个相对现代的概念。人口普查数据记录的是事实，如这名男性40岁，那名女性55岁。而预期寿命则完全是另一回事：对未来事件的预测不是基于巫术、逸事或猜测，而是基于更坚实的统计学基础。

首次计算预期寿命的灵感来自一个不典型的源头：17世纪60年代初，一位名叫约翰·格朗特的英国缝纫用品商出于个人爱好对伦敦的死亡率报告进行了详细的研究，于1662年出版了《关于死亡表的自然的和政治的考察》，公布了自己的发现。格朗特没有接受过人口统计学方面的正规训练——我们不应对此感到惊讶，因为人口统计学和精算学当时都不算正式的学科。事实上，普遍观点认为格朗特出版的小册子为上述两个领域奠定了基础。在这一时期，统计学和概率学尚处于起步阶段。（实际上，一个多世纪以后才创造了"统计学"这个词，它在格朗特所在的时代被称为"政治算术"。）然而，为什么格朗特决定自行计算预期寿命，这仍然是个谜。但其中一个动机显然是利他的，因为格朗特认为，对城市死亡率报告进行周密分析有可能提醒当局关注黑死病的暴发，从而建立防疫隔离，并采取其他简易的公共卫生干预措施。尽管这本小册子没能阻止毁灭性瘟疫于1665年暴发，但由于他的这一理念，格朗特仍被视为流行病学的奠基人之一。有关此次疫情的记载，较为知名的有塞缪尔·佩皮斯的日记和丹尼尔·笛福的半虚构作品《瘟疫年纪事》。

格朗特虽然曾是缝纫用品商，但当他将人口统计学作为业余兴趣之时，他已经成了人脉广泛的成功商人，在一家名为德雷珀公司的国际贸易公司担任高级职员。他也曾在几个城市的议会任职，与佩皮斯和外科医生兼音乐家威廉·配第有来往。配第博学多才，后来撰写了多部颇具影响力的政治经济学和统计学著作，其中一部就叫《政治算术》。（这一时期的小部分学者认为，《关于死亡表的自然的和政治的考察》一书的作者实际上是配第，而不是格朗特。）格朗特在引言中称，在对伦敦市民阅读死亡统计表的方式观察了多年之后，他萌生了撰写该手册的想法。死亡统计表是每周伦敦全市范围内的死亡清单，自 17 世纪初以来一直由某教区执事公会汇编并出版。据格朗特的观察，读者"只是看看页脚，了解本周内死亡人数的增加或减少，以及在死亡人员中有多少死于罕见原因或离奇事件，以此作为日常谈资，并没有真正利用好这个表"。[5] 伦敦人会通过浏览死亡统计表来找头条新闻。（本周有多少人死亡？有没有出现什么新的值得关注的疾病？）他们可能会在茶余饭后与朋友随意谈论自己的发现，但没有人会系统地研究统计表，去发现其除了表明每周死亡人数的随机波动以外揭示的更多真相。

格朗特所做的努力从根本上改变了这些数据被忽视的情况。他没有将数据用作无聊的八卦素材，而是用来检验有关伦敦人口总体健康状况的假设，同时观察该市人口的长期趋势。在调查之初，他随意阅读了几份死亡统计表，用他后来的话说，这些统计表体现了对伦敦人口健康状况的一些"奇思妙想"。带着最初的一系列问题，他花了好几个月的时间跑去南华克桥以北宽街的教区执事大厅，尽可能多地收集死亡统计表，用作进一步的研究。格朗特花费了大量精力，将在计算器和电子表格发明之前的几个世纪里收集到的数据制成了大约 12 张表格，作为小册子的重点部分。他以现代流行病学的核心问题之一作为小册子的开篇：人口死因的分布情况如何？为了回答这个问题，他制作了两张表，一张是"恶疾"表，另一张是"伤亡"表。这两张表和豪尔赫·路易斯·博尔赫斯著名的"中国百科全书"一样，其分类方式在现代人看来非常滑稽。"恶疾"表内容如下[6]：

卒中	1 306
切除结石	38
癫痫	74
死于街头	243
痛风	134
头痛	51
黄疸	998
昏睡	67
麻风	6
精神病	158
过劳和饥饿	529
瘫痪	423
疝气	201
石淋	863
坐骨神经痛	5
猝死	454

"伤亡"表列出了许多当代人口统计学家熟悉的"元凶",例如他统计了86起谋杀。而其他死因则可能让人大跌眼镜——根据格朗特的报告,他调查到有279人死于"悲伤",有26人被"吓"死。

不过,最重要的表格涉及了格朗特所说的"急性和流行性疾病",如天花、鼠疫、麻疹及肺结核(格朗特时代所称的肺痨)。通过计算一段时间内的死亡总人数,再将总人数分门别类,格朗特得以首次回答以下问题:某人死于某种特定原因的可能性有多大?死亡统计表仅仅是一份死亡人数的清单,它代表的只是个体死亡的悲剧事实,除此之外别无意义。格朗特的表格将事实转化为概率,让当局能够全面了解公共卫生的主要威胁,使其能够有效应对威胁,并确定优先应对哪些威胁。

格朗特引入的最具革命性的统计方法出现在"关于居民数量"这一章中。格朗特在这一章的开头引用了他与"经验丰富的伦敦市民"的多次对话,他们都认为,伦敦城市总人口肯定有数百万。从对死亡统计表的研究中,格朗特发现这一数字被严重夸大了。(一座200万人口的城市,其死亡人数会远超死亡统计表中记录的数字。)通过大量的复杂计算,格朗特提出了一个低得多的数字:38.4万。他本人认为这一数字"可能太过随机",但该数据自首次公布以来一直很受认可。现代历史学家估计,伦敦当时的人口一直在40万人左右。[7]

有了总人口这个重要的分母,格朗特就能以新的视角审视死亡统计表的另一大关键要素:死亡年龄。他将统计表中的死亡人数分为9个年龄段:不满6岁死亡;6岁至16岁死亡;16岁至

26岁死亡；以此类推，直至86岁。通过这种方式对死亡人数进行细分，格朗特就能计算出死亡人口的年龄分布。他报告称，在每100名伦敦新生人口中，有36人会在6岁前死亡。用现代术语来说，就是36%的儿童死亡率。

格朗特的整个"生命表"令人深思。伦敦仅有不到一半的人口能活过青春期，只有不到6%的人能活到60岁。格朗特没能更进一步，把生命表简化为一个我们现在用来衡量公共健康的最基本标准——出生时的预期寿命。但我们可以根据格朗特汇总在表格里的数据进行计算。根据他的数据，在17世纪60年代中期，伦敦人口出生时的预期寿命只有17.5岁。

1967年年中，南希·豪厄尔抵达多贝地区，开始调查孔族人的健康和寿命情况。同样是此类研究，和约翰·格朗特相比，她有几个关键优势。彼时，统计学和人口统计学已向前发展了300年。自格朗特时代以来，人口统计学家已经开发了大量工具，不仅能够计算出生时的预期寿命，也能计算出其他年龄段的预期寿命，这一点尤为重要。不过，豪厄尔掌握的不仅仅是理论层面的工具。她还有数据输入系统和计算器来处理数据，有相机来拍摄孔族人，以便在记录中对他们进行识别，并将其同这10年里早些时候完成的研究联系起来。她用录音机录下了对孔族人的采访，甚至还开发了一款名为AMBUSH的软件程序来模拟孔族人口随时间波动的情况。

尽管有这么多的优势，要进行有效的人口普查，豪厄尔仍旧面临艰巨的挑战。一个棘手的情况是，孔族人没有以年作为度量单位的年龄概念。通过容貌来猜测年龄也颇具挑战。得益于狩猎采集社会富有活力的生活方式及其独特的饮食，许多已经60多岁的孔族人在西方人眼中要比实际年龄年轻得多。此外，没有可供查询的死亡统计表，没有任何书面记录。在一个认为没有必要使用3以上数字的文化中，豪厄尔不得不承担起格朗特时代的教区执事的工作。

1967年9月，豪厄尔在考虑未来的任务，前景似乎黯淡无光，而卡拉哈里地区那段时间的气候使前景更加无望。已经好几个月没有降雨，白天的气温通常在43.3摄氏度以上，大多数临时水源都被高温蒸发了。

豪厄尔想方设法地想要利用好卡拉哈里地区旱季的恶劣环境。降雨要等到年底才会到来，在此之前都没有临时水源，因此，孔族人聚居在该地区边界的几个大型水坑周围。豪厄尔和丈夫成了每个水坑附近的小村庄的常客。他们通常带着磅秤、身高测量杆和一袋烟草前往。这两名学者会向村民分发烟草，举行一场非正式的"测量聚会"，记录他们的体重和身高。豪厄尔后来写道，孔族人期待他们的到来，"因为我们带来了烟草，打破了孔族人的常规，他们能够在阴凉处一坐好几个小时，开着玩笑，看着大家接受测量。我俩也得以方便地收集大量有关这些人的短期数据和信息"。[8]

尽管在"测量聚会"上成功获得了孔族人的体重和身高，但豪厄尔最感兴趣的年龄却一无所获。最终，让她计算出相对准确的孔族人年龄的关键一招，是语法而非数字。孔族人虽然不以年作为计算年龄的单位,却能较好地感知相对年龄。他们知道族群里哪些人比自己年长,哪些人比自己年轻。[9]这种年龄的差异体现在他们的口语中,就像法语和西班牙语等印欧语系以第二人称来区分正式和非正式关系[例如在法语中,"vous"(您)和"tu"(你)的区别]。孔族语言有类似的语法来区分年长者和年轻人。如果一名孔族人说"你能帮我准备这顿饭吗?",这个问句的实际含义是"你,年轻人,能帮我准备这顿饭吗?"。

这一细微的句法区别为豪厄尔提供了足够的线索,使她最终破解了孔族人预期寿命的谜题。早在1963年,李已经根据其对多贝地区的探访,在当地进行了一次粗略的人口普查。根据他对那段时间出生情况的观察,他可以较为准确地掌握当地年幼孩子的年龄。他在1963年看到的一个蹒跚学步的孩子,到1967年就是六七岁。这为豪厄尔的调查提供了便利。她可以去听听那个孩子和朋友们的闲谈,关注那个孩子和哪些朋友打招呼时使用了"比我年幼"的称谓,和哪些人又使用了"比我年长"的称谓。她通过直接采访165名孔族育龄及以上妇女补充了相关数据。在采访中,豪厄尔记录了详细的生育史,包括怀孕、流产、堕胎、死产、成功分娩等。这些事件可以对应具体的年份,因为它们通常以一年或两年为间隔。一位母亲可能会告诉豪厄尔,两年前她流产了,而她的女儿出生在之前的两年,这样就能得知她的女儿四岁了。通过追踪家庭和社会关系网络,豪厄尔得以以年龄为依据对当地人口进行排序。年龄越大的人口数量越少,也就更难猜测他们的准确年龄。如果只有两位古稀老人,那就很难确定他们到底有多少岁，只能知道其中一人比另一人年长。但这也足以大致了解孔族人的预期寿命。

豪厄尔在自己的分析中提出了相关证据，表明孔族人出生时的预期寿命在过去几个世纪里有所提升，这可能是现代医疗体系的某些方面渗透到狩猎采集文化中的结果。她最终认为，生于20世纪60年代末的孔族人的平均预期寿命为35岁，而上几代人的平均预期寿命为30岁。以现代标准来看，这似乎很短，但事实上，许多孔族人的寿命即便在20世纪60年代末的发达国家也算很长了。豪厄尔在自己的一本书中描述了一位孔族老人。她在1968年采访并拍摄他时，他已经82岁了，但身强力壮，可以自己采集食物，徒步长途旅行。[10] 豪厄尔第一次遇到他时，他正在新的定居点为自己建造一间小屋。

孔族人预期寿命低的主要原因是较高的婴儿和儿童死亡率，这与格朗特300年前在伦敦观察到的死亡率没有太大不同。每10个孩子中就有两个在出生后的头几个月死亡，另有10%的孩子会在10岁前死亡。在一个平均预期寿命仅为35岁的族群中，祖父母和曾祖父母的人数远超人们的最初预期。一个孔族人如果能顺利度过青春期，就有相当大的概率活到60岁及以上。问题在于，活到60多岁也就意味着一生中很可能多次经历子女和孙子女的死亡。对孔族人来说，一旦度过了童年这一较难存活的阶段，就很容易活到较大的年纪。

约翰·格朗特分析死亡统计表的小册子一出版就获得了成功。

这名缝纫用品商被邀请加入享有盛誉的英国皇家学会，他的论文在有数学头脑的欧洲人和新兴的公共卫生官员中广为传播。（受格朗特统计分析的启发，巴黎于1697年推出了本土的死亡统计表。）概率论在17世纪中叶尚处于萌芽阶段；当格朗特首次考察教区执事的数据集时，用数学来确定某个特定事件发生的可能性这一想法还是一个非常新颖的概念。讽刺的是，当格朗特正苦心研究关于生与死的存在主义问题时，几乎所有关于概率的重要研究都集中在了一个比生死无聊得多的问题上：如何在骰子或者纸牌等投机游戏中取胜。格朗特的表格揭示了这些新兴数学工具的新用途：如果能准确评估骰子游戏的风险和机会，你会在生命游戏中用这些工具做同样的事情吗？

在荷兰博学家克里斯蒂安·惠更斯和弟弟洛德韦克1669年的一系列书信中，首次出现了对预期寿命的真正评估。克里斯蒂安是当时最有影响力、最富才华的科学家之一。作为天文学家，他对土星环展开了研究，并首次观测到土星的卫星土卫六。他提出了光的波动理论，发明了摆钟。他还发表了一篇具有开创性的概率论相关的论文，全长16页，题为《论赌博中的计算》，拉丁文意为"论投机游戏中的计算"。这篇论文将"预期收益"这一关键概念引入了该领域。现在，这一概念是全球赌场业务背后的基本原则。基于此，英国皇家学会主席在格朗特的论文发表后不久便给克里斯蒂安寄送了一份，但预期寿命计算的概念是由这位大师级科学家的弟弟洛德韦克首次提出的。

洛德韦克对这个问题感兴趣有金融方面的原因。他认识到，对预期寿命进行数学上的准确评估有助于新兴的保险业更有效地为人寿年金定价。人寿年金是养老金的"近亲",它与传统的人寿保单相反:只要人还活着,年金就会定期给付。从保险公司纯粹唯利是图的角度来看,英年早逝的客户比预期寿命更长的客户更有利可图。(而普通寿险的奖励机制则相反。)但要确定这两种保险的价格,关键在于能够衡量预期寿命。如果一个社会中人们的平均预期寿命是 60 岁,而非 35 岁或者 17 岁,保险公司就会把年金价格定得高得多。如果不仅能计算出生时的预期寿命,还能根据给定年龄计算预期寿命,那就会十分有用。同样是购买年金,20 岁的客户应比 40 岁的客户多交多少保费?

洛德韦克在 1669 年 8 月 22 日写给哥哥的信中提到自己过去几周里养成的一个癖好。"这些天,我制作了一张表格,记录了各个年龄段的人的剩余寿命。"他制表的基础是格朗特在其小册子中整理的原始数据集。在这封信中,洛德韦克显然对自己所做的工作十分自豪:"我对由此得到的发现非常满意……在计算年金构成方面非常有用。"他还提到了一个克里斯蒂安一定会关注的发现。"根据我的计算,"他解释道,"你可以活到 56.5 岁左右,而我能活到 55 岁。"[11]

克里斯蒂安在回信中对弟弟的数学提出了一些修改建议,还画了一张精巧的图来展示格朗特的数据,这是目前已知的第一个连续生存函数的例子。现在读来,我们不难看出兄弟俩在交流中的"明争暗斗",洛德韦克无疑竭力想要给成就非凡的哥哥留下深刻印象,而克里斯蒂安则对弟弟的发现进行了纠正,轻描淡写地弱化了弟弟的成就。(我们也很难不对惠更斯兄弟在业余时间的自娱自乐感到讶异。)兄弟俩在1669年夏末的通信起初并未得到英国皇家学会等权威机构的赞誉。但今天,我们将之视为"我还能活多久?"这一最古老问题在历史上具有变革意义的时刻。

事实表明,洛德韦克·惠更斯的预测过于悲观。克里斯蒂安比洛德韦克的预测多活了10年,而洛德韦克本人则活到了68岁。但这些都是概率而非预言。洛德韦克的计算以及由此产生的预期寿命概念,从千千万万个个体生命的无序中提炼出了一个稳定的平均值。这种分析虽不能算出你的实际寿命,但它可以在充分考虑你所在社区的生死模式后,告诉你一个合理的预期寿命。它还提出了另一个同样重要的内容,即衡量社区总体健康状况的方法。如此一来,便首次实现了对比两个社区的总体健康记录或追踪单个社区随时间产生的变化。

约翰·格朗特的表格也过于悲观了。20世纪70年代,一位名叫安东尼·里格利的人口史学家组建了一个可以追溯到16世纪中叶英国教区记录的大型数据库。根据这些档案,里格利及其合作者计算出了从文艺复兴时期结束到工业革命中期英国人的预期寿命。里格利的分析显示,在17世纪,伦敦人口出生时的预期寿命不到35岁。[12](在黑死病暴发期间,特别是1665年至1666年那次尤为致命的大流行,预期寿命会暂时下降,接近格朗特表格中显示的17岁。)另一方面,南希·豪厄尔对狩猎采集者寿命的分析得到了后续研究的普遍支持。一些学者分析了农业社会前的人类

第一章 长期存在的"天花板":衡量预期寿命　　017

聚居地的化石，通过15岁以内死亡的人类骨骼中的乳牙和恒牙来推断年龄，并通过分析骨骼腐烂情况和其他线索来评估族群中老龄成员的死亡年龄。根据像豪厄尔对现存狩猎采集部落的考察这样的研究，以及对古人类化石的考古取证，我们现在认为，狩猎采集祖先的预期寿命一般在30岁到35岁，儿童死亡率超过30%。

虽然他们当时还不知道，但约翰·格朗特和洛德韦克·惠更斯对平均预期寿命的首次估算不仅揭示了启蒙运动前夕欧洲文化的某些深刻内涵，也揭示了有关一万年人类文明史的某些深刻内涵，直到像南希·豪厄尔这样的研究人员在20世纪下半叶开始绘制狩猎采集社会的平均预期寿命图时，人们才能完全理解。旧石器时代的祖先无法理解约翰·格朗特时代所取得的文明成就——一座拥有40万人口的城市，通过印刷技术分享信息，计算死亡率和以字母数字为代码的金融交易，修建宫殿、桥梁和大教堂：这一切都是后农业社会取得的伟大胜利。尽管取得了这些成就，但对穿越到格朗特时代的伦敦的狩猎采集者来说，他们对这个事关生死的问题——"我还能活多久？"的答案相当熟悉。一般人能活到30岁出头，但也有相当一部分人的寿命远超这个年龄段。（格朗特本人去世时50多岁。）不管是在狩猎采集社会还是在17世纪的伦敦，都有几乎1/3的人口在成年之前死亡。

就在格朗特开始研究死亡统计表的几年前，托马斯·霍布斯公开表达了他对自然状态"凶残、野蛮、短寿"的不认同。但格朗特引发的人口统计学和统计学革命最终会清楚地表明，霍布斯的这三个形容词至少有一个是错误的，正是这场革命指引着南希·豪厄尔在20世纪60年代末与孔族人共度了几年时光。无论你认为农业文明以前的人类有多么凶残野蛮，但以霍布斯时代的标准来看，他们绝对不算短寿。

关于智人健康状况的观点随着时间的推移而发展，让我们看到了发人深省的一点：我们即便取得了所有成就，却仍然被困在预期寿命35岁、儿童死亡率1/3的"天花板"之下。人类用一万年的时间发明了农业、火药、复式记账法、绘画透视法等，不可否认，这些都是人类认知的重要进步，但一个关键领域却并未取得进展。即便有了上述成就，我们仍然没能有效地延缓死亡的到来。

在格朗特的小册子出版后的一个世纪里，欧洲人口的健康状况继续遵循着数千年来一直存在的模式，以35岁为中值上下波动，在丰年会高于该值，受天花暴发或严冬的影响则会低于该值。在全球范围内，由于奴隶贸易的增长和欧洲疾病输入美洲带来的灾难性影响，预期寿命几乎都在下降。但在欧洲本土，数据并没有出现方向性趋势，似乎只是围绕自旧石器时代以来就存在的预期寿命"天花板"随机波动。

有可能打破这一"天花板"的首个迹象出现在18世纪中叶的英国，当时启蒙运动和工业化的双重引擎开始加速运转。这种变化起初很微妙，当时的观察家都很难察觉，甚至亲历变化的人也没有感觉。实际上，这种变化直到20世纪60年代才被妥善记录，当时，一位名叫T. H. 霍林斯沃思的人口学家才开始分析由英国纹章院及伯克和德布雷特出版社保存的有关出生和死亡的详尽记录。作为对总体人口的一种衡量方式,这些记录远不如格朗特的记录广泛,它们只追踪了英国贵族阶层的生命,这是英国人口中极少但又特别有趣的一小支。霍林斯沃思发掘了从16世纪末一直到20世纪30年代的每一位公爵、侯爵、伯爵、子爵和男爵及其子女的数据。所有数据汇总于预期寿命图中时,就呈现出了一个惊人的趋势(见图1-2)。[13] 在历经两个世纪的停滞之后,英国贵族的平均预期寿命恰好在1750年左右开始稳定增长,精英阶层因而与其他群体间形成了明显的差距。到18世纪70年代,英国贵族的平均寿命是45岁左右。19世纪初,他们跨过了50岁大关。等到维多利亚时代①中期,他们出生时的预期寿命接近60岁。

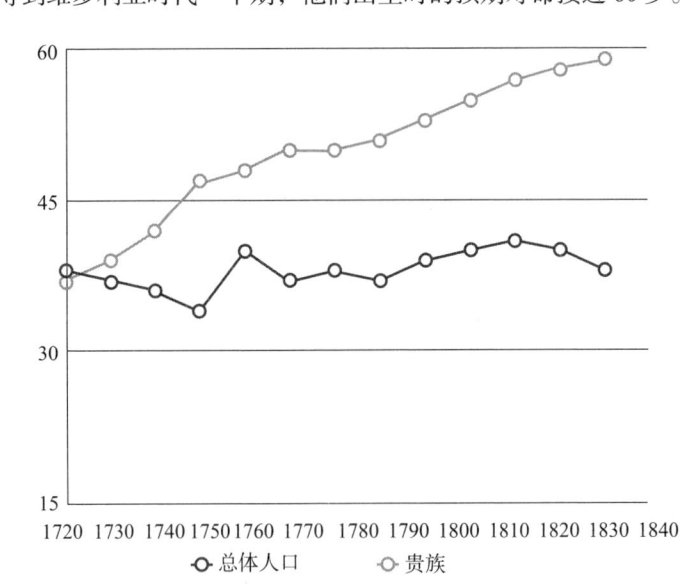

图1-2 英国1720—1840年出生人口的预期寿命

---

① 维多利亚时代(1837—1901年),即维多利亚女王的统治时期。——译者注

在世界人口数以亿计之时，英国贵族在全人类中所占的比例微乎其微。但他们经历的人口结构变化却代表了未来的趋势。纵观历史，这是预期寿命首次在相当数量的人口中实现了稳定而持续的增长。在过去一万年间不断波动的人口曲线呈现出新的走势：一条向上的直线。[14]

英国贵族的预期寿命的大幅增长之所以令人瞩目，有另外一个原因。它标志着在随后的几个世纪里，一种必然出现的人口模式将遍及全球大部分地区，即不同社会或者同一社会中不同社会经济群体的健康状况存在可衡量的差距。在约翰·格朗特时代，无论是男爵、缝纫用品商还是狩猎采集者，出生时的预期寿命都是35岁左右。你如果恰好出生在大都市中央区域的精英家庭，就有机会享受到许多文明成果：精美的艺术品、舒适的住房、丰足的食物。但在维持自己和家人存活这一基本任务方面，你所拥有的财富并不会让你比不那么富足的同辈更具优势。（说来奇怪，实际上它可能反而使你稍逊一筹。我们很快会讨论到这一悖论。）人与人之间的健康状况存在着巨大的不平等：很多人出生才8天就死去了，而有的人则活到了80岁，但大的社会群体之间并不存在寿命的不平等（这种不平等有时也被称为"梯度"）。这种情况在18世纪下半叶才有所改变，健康状况的不平等开始与财富的不平等相伴相生。这一趋势最早出现在英国贵族中，其出生时的预期寿命在一个世纪内攀升了30岁，而工人阶级的预期寿命情况自1662年出现在格朗特的表格中以来就一直低迷。

到19世纪下半叶，上述两种趋势都将扩散至不列颠群岛以外的世界各地。这条向上走的直线呈现的是普通欧洲人和北美人的预期寿命，而不仅仅是贵族。到 20 世纪头 10 年，英国和美国的总体预期寿命已超过 50 岁。工业化国家的数百万人口的健康状况呈良性发展态势，最终打破了限制智人寿命的"天花板"。但与此同时，正如历史学家、诺贝尔经济学奖得主安格斯·迪顿所说，这次所谓的逃离不平等反而使工业化国家和世界其他国家之间拉开了悲剧性的差距。发展中国家遭受了西方帝国主义的剥削和来自欧洲的传染病的残害，又得不到欧美早期公共卫生机构的援助，因此它们不但没能同工业化国家一样实现预期寿命的攀升，很多情形下还出现了倒退。在非洲、印度和南美洲的部分地区，预期寿命降到 30 岁以下。迪顿写道："出生于 20 世纪中叶的印度儿童的死亡率可能和历史上任何大型群体——一直追溯到新石器革命及更早之前的狩猎采集群体一样高。"[15] 现在，人生大乐透——出生在哪里、属于哪个社会经济群体——在很大程度上决定了你能否挺过死亡风险高的童年时期，或者活得足够久，能够见到自己的孙子女。到 20 世纪头几年，世界发达地区已经在健康领域取得了无可争辩的进步。但这种进步是否可持续？这种进步的成果能否与世界其他地区共享？

要回答这些问题，在某种程度上需要理解是什么推动了打破"天花板"后首次向上的趋势。为什么西方人会活得更久？为什么他们的孩子不再面临惨烈的死亡率？这些问题既有历史意义，又有现实意义。如果我们能确定改善欧美健康状况的各项举措，那么这些干预措施就有可能扩展到世界各地。事实表明，关于预期寿命首次实现持续性增长的最终解释，并没有想象中的那么简单明了。将全社会健康状况的改善都归功于包括医生、医院、药物等医疗体系的建立，这一假设看似合理，但其实是错误的。要说药物在那个时期起了什么作用，那就是缩短而非延长了寿命。

1788年夏末，在切尔滕纳姆疗养了两个月后，英国君主乔治三世及其扈从回到位于伦敦郊区的皇家庄园邱园，这是他30年来第一次真正意义上的度假。此前，他经历了长达8小时的痛苦痉挛，而这种田园牧歌式的疗养被认为是一种健康干预措施。乡村生活似乎的确对国王的身体状况产生了积极影响，但在回到伦敦后不久，他便开始承受更为严重的病痛折磨。他的医生乔治·贝克爵士在日记中写道："我看到国王坐在床上，身体前倾。他抱怨腹部有剧烈疼痛，痛感穿过背部和身体两侧，导致他呼吸困难。"[16] 贝克开具了蓖麻油和番泻叶这两种常见的轻泻药，但后来因担心剂量过大，又试图用鸦片酊来中和药效。但这些药物收效甚微。几天后，返回温莎城堡的计划推迟，国王的日常出席仪式也被取消。

乔治三世在1788年10月出现的痉挛其实是历史上最著名的一种疾病的先期症状。这种疾病的精神症状比身体症状更为有名。经出色的现代法医侦查手段鉴定，"疯王"乔治的故事明确地告诉我们，在预期寿命实现首次跃升的初期，医药是何其无用。数月以来，国王陷入了精神错乱的常见状态：口吐白沫，暴怒，没完没了地说着毫无逻辑、毫不连贯的话。这一事件引发了宪法危机，后来被搬入戏剧和故事片《疯狂的乔治王》。有意思的是，乔治三世表现出来的首个精神错乱的症状是对贝克的狂怒，他抱怨贝克医生开具的药物。在日记中，贝克描写了他对国王举止的震惊："他的眼神、语气、一举一动，都表明他极度愤怒。他说一种药的药效太强，另一种药则完全无效。应当禁止番泻叶的进口，他将下令，永远不许给王室成员使用番泻叶。"国王情绪激动地发表了长达3个小时的长篇大论。等他最终平静下来之后，贝克给时任英国首相威廉·皮特写信，报告说国王"情绪激动，近乎精神错乱"。[17]

长期以来，医学史家一直在争论乔治国王患病的原因。20世纪60年代末，人们一致认为，乔治三世患有一种名为不定性卟啉病的遗传性疾病，这种疾病会引起腹痛、焦虑和幻觉。（这种遗传性疾病在欧洲王室中很普遍，这是不与近亲结婚的又一大理由。）另有学者认为，国王在1788年的非正常行为是双相障碍的表现。但最新的法医研究表明，乔治三世对治疗方式的愤怒也许不无道理。21世纪初，一个由剑桥新陈代谢内科医生蒂莫西·考克斯带领的科学家团队分析了乔治三世的一缕头发，这缕头发在惠康基金会的档案室中保存了近一个世纪。考克斯及其同事知道，早期的法医检测未能从头发样本中提取DNA（脱氧核糖核酸）来化验一种名为PPOX基因的存在。（卟啉病由功能失常的PPOX基因引发。）他们分析了头发中可能加剧国王病情的重金属，结果令人震惊：国王头发中的砷含量比砷中毒的标准阈值高出17倍。考克斯和他的同事分析了这一时期国王的医生的官方报告，发现给乔治三世开具的主要化合物是一种当时很流行的药物，名叫吐酒石（酒石酸锑钾），它含有2%~5%的砷。如果医生报告中记录的剂量是准确的，那么对乔治国王精神错乱和腹痛的"治疗"似乎导致了其慢性砷中毒。[18]

考虑到存在家族遗传性卟啉病，因此，乔治三世在位期间经历的精神健康问题也就不足为奇了。而令人惊讶的是，他竟然没有死于当时的治疗手段。

人口史学家T. H. 霍林斯沃思在20世纪60年代初发表他对英国贵族预期寿命的分析时，我们得以初步了解人类寿命逃离不平等的雏形：所有平安度过婴儿时期、顺利活到60岁及以上的贵族，预示了两个世纪以后全球的健康趋势。但霍林斯沃思的研究有一个不同寻常的补充说明。让我们来看看首次逃离不平等的原始图，这张图还包括了之前的两个世纪（见图1-3）。[19]

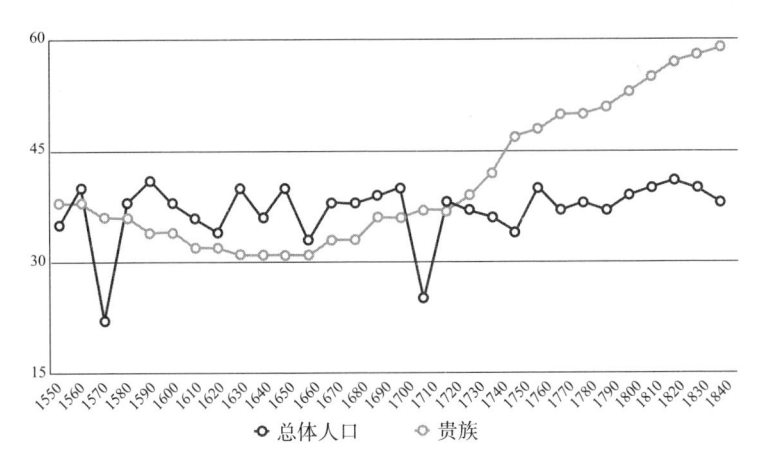

图1-3 英国1550—1840年出生人口的预期寿命

在贵族比其他人口更长寿之前的一个世纪里，贵族的平均预期寿命实际上略低于普通人。这一时期的寿命差距远没有 18 世纪末迅速拉开的差距那么明显——两个群体只有几岁的差距，但这种差距是一致的，有统计学上的意义。这是一种不可思议的现象。财富、社会地位、教育等方面的所有优势反过来导致了预期寿命方面的净劣势。某种原因使得英国贵族的死亡率高于普通人。但那是什么原因呢？

对这种奇怪的差距，最合理的解释似乎有些反直觉：英国贵族比其他人口更易获得医疗保健服务。只要他们愿意，想咨询多少内外科医生或药剂师都负担得起。但由于当时的医药状况相当糟糕，这些干预措施实际上弊大于利。如果你不幸患了流感，或者生来就患有遗传性疾病卟啉病，最好不要看医生，而要通过自身免疫系统实现自愈，避开使用砷或水蛭的虚假疗法。

这些庸医疗法并不局限于英国贵族。来看看威廉·罗森关于发明抗生素的历史记录，其中载明，乔治国王的劲敌乔治·华盛顿在生前最后几个小时接受的治疗手段无异于酷刑。

> 天亮之时，华盛顿的主治医生乔治·罗林斯……切开了华盛顿手臂上的一条静脉血管，放出大约 12 盎司[①]血。在接下来的 10 小时里，另外两名医生——詹姆斯·克雷克和以利沙·迪克又放血 4 次，共计放出 100 盎司血。放掉华盛顿体内至少

---

① 1 美制液体盎司约为 29.57 毫升，1 英制液体盎司约为 28.41 毫升。——译者注

60%的血仅仅是治疗方案之一。医生们还在这位美国前总统的脖子上涂了一层由蜡、牛油及干燥后的甲虫分泌物混合制成的膏状物。这种膏状物具有强烈的刺激性,能使患者的皮肤起水疱。医生们认为,切开水疱,把里面的液体排出来可以去除病人体内的致病性毒素。医生们让华盛顿用一种混合了糖浆、醋和黄油的液体漱口,在他的双腿和双脚上敷上麦麸制成的药膏,并给他灌肠。另外,安全起见,医生们还给华盛顿开了一剂泻药——氯化亚汞。不出所料,这些治疗方式无一奏效。[20]

现在的学者将这一时期称为"烈性疗法时代"——全是明显弊大于利的宏大医疗计划和大胆的医疗干预措施。实践证明,其中一些干预措施相当荒唐,比如华盛顿在弥留之际使用的几种药膏。很多案例甚至可以提起医疗事故诉讼。给病人放血无异于加速其死亡。汞和砷有可能致死,或者使患者处在精神错乱的边缘。如我们所见,"烈性疗法时代"持续的时间比预期的更长。直至第一次世界大战爆发之时,约翰斯·霍普金斯大学创始人威廉·奥斯勒还主张以放血作为军队中流感和其他疾病的主要治疗手段:"如果一个健康强壮的人出现了严重的病情、高烧不退,我认为在患病初期就给患者放血是一种很好的做法。"[21]

首个质疑工业时代的医学和预期寿命之间关联的学者,是一位名叫托马斯·麦基翁的英裔加拿大博学家。20世纪30年代末,战争在欧洲各地爆发,麦基翁受罗德奖学金[①]资助在牛津大学学习了一段时间,后到伦敦就读医学院。多年后,他将这段经历称为自己求学生涯的转折点。麦基翁在观察医生查房时注意到,医生与病患之间以及医生之间的交流缺少了一些内容。医生们检查患者的生命体征,认真听取患者对病症的描述,最后给出治疗建议。但据麦基翁的说法,他们很少认真考虑"出具的治疗方案是否对病人有任何价值"。尽管麦基翁于1942年获得外科学学位,但在求学过程中,他对医院采取的医疗干预措施的质疑有增无减。他后来这样描述那段时间:"我常常站在病床前扪心自问,我们是否让患者变得更加聪明或者状态更好。我很快得出结论,大多数时候我们并没有做到。"[22]

战争结束时,麦基翁在伯明翰大学得到了一个颇有吸引力的学术职位:新设立的"社会医学"教授一职。他后来一直担任该职。20世纪50年代初,基于其作为医学生查房时产生的直觉,麦基翁开始进行一项研究,20多年后,其研究成果汇总在《现代型人口增长》(*The Modern Rise of Population*)一书中。这本书是有史以来有关人口变化研究最具争议和最有影响力的出版物之一。在问世几十年后的今天,该书的论点(现被称为"麦基翁论题")仍引发争议。

《现代型人口增长》为过去两个世纪的两个关键问题提供了

[①] 罗德奖学金,由英国政治家、商人塞西尔·罗德创设于1903年,旨在资助世界青年精英赴牛津大学深造,是世界上历史最悠久、最负盛名的国际奖学金项目之一,有"全球青年诺贝尔奖"的美誉。——译者注

答案。首先，这一时期总体人口的增长是生育率上升还是死亡率下降的结果？对这个问题，麦基翁给出了一个明确的说法。他认为主要原因不是人类生育了更多孩子，而是孩子们存活的时间更长。19世纪下半叶，尽管英国的总人口规模翻了一番，人口出生率却下降了大约30%。但这一事实提出了更加棘手的问题：究竟是什么让孩子们存活了下来？是什么推动了19世纪最后几十年开始的预期寿命的巨大增长？

在麦基翁公开自己的发现之前，传统观点认为是医学的进步起了关键作用。这是一个自然而然的结论：如果人们活得更久，没有像祖先一样死于某种疾病，这肯定表明了医疗工作者的医术更为精湛。在医学院的求学经历很自然地让麦基翁对这一传统观点产生了怀疑，在查看历史数据时，他突然想到了一点：会不会在医生找到有效的治疗方法之前，人们就已不再死于某种疾病。在《现代型人口增长》一书的开篇，麦基翁就将此作为自己的核心论点。

> 自首次登记死因以来，大多数传染病导致的死亡是由以下疾病引起的：结核病、猩红热、麻疹、白喉和肠道感染。这些疾病也与死亡率的下降密切相关。可以这么说，在20世纪以前，这些疾病都没有有效的免疫方法或者治疗方法。[23]

数据非常明确：在19世纪最后几十年，以及20世纪头几十年，像结核病这样的疾病导致的死亡人口在明显下降。而在当时，尽管最先进的医学部署的抗结核病武器对患者造成的伤害更小，也不比"疯王"乔治接受的烈性疗法更奏效。英国人口中结核病的发病率下降了，背后一定发生了什么，而这并非医生的功劳，那么到底是什么呢？

最后，麦基翁给出了另一种解释：人们寿命的延长，不是由于医疗干预措施的进步，而是由于生活水平的全面提高，这在很大程度上要归功于农业领域的创新，让更多食物出现在了餐桌上。麦基翁理论的这一部分后来受到了更新的学术研究的质疑，但他认为当时医疗水平很糟糕的看法经受住了时间的考验：大多数历史学家现在认为，总的来说，在第二次世界大战结束之前，医疗干预措施对总体预期寿命的影响是有限的。尽管医生们此前也积累了不少真正有用的知识或医术，由此带来了积极的影响，但都被使用水蛭和砷等荒诞手段的烈性疗法抵消了。至19世纪末，大部分医院和其他医疗环境中极其不卫生的条件也抵消了上述积极影响。为什么用了这么长时间才推翻了这些有问题的做法，这个问题本身就很有趣。我们将对此适时展开讨论。但是，烈性疗法存在了如此长的一段时间，治疗手段又是如此荒谬，这给我们提了个醒：即便"西方"医学近年来取得了种种成就，但在其存在的大部分时间里，它的发展轨迹都相当不理想。而且，首个对预期寿命真正产生积极影响的干预措施根本不是起源于西方。

第二章
灾难列表之天花

人痘接种和疫苗

没有人确切知道首次人痘接种的时间和地点。有的说法认为，它可能数千年前起源于南亚次大陆。历史学家李约瑟记载，宋真宗时丞相王旦之子死于天花，后一位四川"道家隐士"便将种痘之术引入宫廷。[1] 明代儿科专家、医学作家万全提到了刻意让健康儿童接触天花的"近亲"轻型天花病毒，这种病毒的毒力较小。历史记录清楚地表明，不管起源是什么，至17世纪，天花接种已遍及中国、印度和伊朗。就像经典中"英雄所见略同"的伟大思想一样，这种做法已多次独立出现在全无关联的世界各地。

接种技术形式多样。在中国，医生从康复的天花患者身上取下结的痂后，将其磨成细粉，吹入接种者鼻孔，被鼻腔黏膜吸收。在土耳其，医生通常用针或手术刀在接种者手臂上开小口，注入少量从天花脓疱中提取的物质。当时，人们并没有理解人痘接种的生物学机制，但总体原则很明确：接触某种疾病的轻型会使大多数人今后对这种疾病产生抵抗力。当然，我们现在可以用免疫学来解释人痘接种的神奇之处：通过引入少量抗原（病原体），人痘接种训练人体免疫系统的抗体识别并更有效地击退威胁。这种方法从根本上与烈性疗法和医生们数个世纪以来炮制其他所有药剂的方法背道而驰。医者的角色不再是提供某种神奇元素来治愈患者，而仅仅是通过干预措施释放患者体内的潜在能量。

人痘接种与21世纪医疗保健领域取得的优势有相似之处。作为医学上最激动人心的新突破，免疫疗法利用人体自身的防御系统来治疗癌症或者阿尔茨海默病等慢性疾病，它所依赖的基本机制与人类寿命延长史上取得的首个突破是一致的。

首个突破便是保护人类免受天花之害的方法，对此我们无须惊讶。至少从古埃及大金字塔时代开始，这种疾病就为祸不浅。（拉美西斯五世木乃伊脸上有明显的天花疤痕。）在 1650 年至 1750 年的曼彻斯特和都柏林，所有记录在案的死亡人口中有超过 15% 死于天花。幼童尤其容易感染这种疾病。在 18 世纪的瑞典，90% 的天花死亡病例发生在 10 岁以下的儿童中。[2] 这一时期，幼童的死亡对预期寿命造成了严重的负面影响，但人们在情感上遭受的折磨更为严重。孩子的突然死去是人类最惨痛的经历，但这一情形每天都在全人类中发生。身为父母，自己的孩子随时可能发烧，随之出现明显可辨的皮疹，几天内就会死亡，其兄弟姐妹也常常紧随其后病倒并死去。在那个年代，童年的概念与我们现在截然相反。今天，我们认为孩子象征着生机、韧性和青春的活力。剑桥大学统计学家戴维·施皮格尔霍尔特曾说："在人类历史上，没有哪个时代的人比现在的小学生更安全。"但在天花肆虐的时期，童年总是伴随着突如其来的重疾。孩童总是处于死亡的边缘，父母总是面临着这一迫在眉睫的威胁。

　　天花造成的死亡人数相当多。在戏剧性地塑造世界历史走势方面，重型天花病毒起的作用比其他任何一种病毒都更为显著。天花在欧洲帝国主义的扩张阶段扮演了至关重要的角色，最恶名昭彰的例子是科尔特斯及其随从带至阿兹特克帝国的流行病，最终导致了这一古老文明的彻底覆灭。一名跟随科尔特斯前往的西班牙神职人员描述了疫情的惨状："他们像臭虫一样成堆地死去……在许多地方，房子里所有的人都死了，由于无法埋葬这么多死人，就只能推倒房子，他们的家就成了他们的坟墓。"[3] 西方历史也因这种病毒发生了改变。17世纪至19世纪，许多欧洲君主死于天花，人数之多令人震惊。仅在1711年暴发期间，天花就导致神圣罗马帝国皇帝约瑟夫一世、后来继位的弗朗茨一世的三个兄弟姐妹，以及法国王位继承人王太子路易死亡。在接下来的70年里，西班牙国王路易一世、俄国皇帝彼得二世、摩纳哥女亲王路易丝·伊波利特、法国国王路易十五和巴伐利亚选帝侯马克西米利安三世都死于天花。过去200年间，在世界各地的重要政治人物中，死于暗杀者与死于天花者相比只是一小部分。假如天花没有如此广泛地波及欧洲贵族阶层，那么所有的政治变革、叛乱和继承危机都不会发生。

上一章提到的乔治三世则是天花疫情的受益者（如果用词恰当）。1694年，斯图亚特王朝的女王玛丽二世死于天花，由于没有子嗣，王位将传于她的妹妹安妮。当时，安妮正在努力孕育下一代。1684年至1700年，安妮共计怀孕18次，大多数流产或死产。两个女儿活过了婴儿期，但都在不到两岁的时候死于天花。只有格洛斯特公爵威廉王子这一个孩子度过了幼儿期。但当他于11岁死于天花后，斯图亚特王朝实际上后继无人了。由于面临着实打实的继承危机，英国议会选择了英吉利海峡对岸的汉诺威家族来继承王位，于是，乔治一世登基，也就是"疯王"乔治的曾祖父。汉诺威家族具有许多优势：他们是新教徒，也是斯图亚特王朝詹姆士一世的后代；乔治一世在幼年时期接触过天花病毒。由此可见这种疾病对当时的政治考量具有重要意义。若非天花，乔治一世可能永远不会横渡英吉利海峡来到英国，更不可能踏上去往温莎城堡之路。

不过，从长远来看，在天花与贵族最为重要的交锋中，不得不提到一位教养良好、博学多闻的年轻女子，她在1715年12月感染了天花。玛丽·沃特利·蒙塔古夫人是赫尔河畔金斯顿公爵之女，也是桑威奇伯爵之孙的妻子。她才华横溢、机敏美丽。她在少女时期就曾撰写中篇小说，20岁出头时，她开始与诗人亚历山大·蒲柏通信。她25岁患病时，米德医生和加思医生两名皇家医生用当时最先进的养生法为她治疗：每隔两天放血一次；服用通便的泻药和常规剂量的特制药物，这种药物由火药的主要成分硝石和从动物肠道中提取的钙化物残余混合而成。医生还开具了啤酒和葡萄酒作为她的主要饮品。[4]

蒙塔古夫人奇迹般地战胜了天花，也熬过了用在她身上的施治方法，活了下来，但她的绝色容颜从此留下了天花疤痕。当时，蒙塔古夫人战胜重型天花病毒的消息似乎只对她的近亲属和她所在的贵族圈子有意义。从总体上看，也不过是死亡率报告中少了一人而已。但后来证实，蒙塔古夫人的幸免于难是抗击天花的一大转折点。事实上，她扮演了关键传播媒介的角色，不仅是传播疾病本身，还传播了医学上可行的天花预防方法。

玛丽·蒙塔古在人痘接种史上扮演了双重角色：既是将人痘接种法引入英国的传播者，又是促使此方法在英国广泛应用的推广者。毫无疑问，天花不仅在她的肉体上留下了疤痕，更令她的情感受到了伤害。作为年幼孩子的母亲，她极其渴望找到一种能够击退重型天花这一"疱疹怪物"的方法。在天花最为肆虐的18世纪初，欧洲几乎所有的父母皆同此心。而玛丽·蒙塔古的与众不同之处在于她敏锐的观察力及其在伦敦贵族当中的影响力，以及历史上的一个重大的偶然事件：在她康复后不久，她的丈夫爱德华·沃特利·蒙塔古便被任命为英国驻奥斯曼帝国大使。1716年，经历了在伦敦和英国乡村的长期生活后，玛丽·蒙塔古举家迁往君士坦丁堡，在那里生活了两年。

蒙塔古夫人沉浸于这座城市的文化氛围中，她参观传说中的浴池，学习土耳其语，以便阅读土耳其诗人的诗作。她还学习了土耳其式烹饪，开始穿君士坦丁堡上流女性所穿的豪华长袍，将天花疤痕隐藏在面纱之下。她通过一系列信件记录了自己的生活经历，这些信件最终在她死后发表。在这些信件中，引人注意的有两点，一是蒙塔古夫人敏锐地观

图 2-1 玛丽·沃特利·蒙塔古夫人像，小乔纳森·理查德画于1725年

察到土耳其首都街头的"东方"风俗,二是她展露出作为游记作家的文学天赋。(这些信件中另外值得注意的惊人一点是,她在许多段落中为土耳其的奴隶制辩护,认为土耳其奴隶在很多情况下都比英国仆人的待遇好。)但这些信件真正的历史意义在于,她描述了自己亲自观察到的一种不同寻常的土耳其风俗。

关于天花,我要告诉你一件事,它会让你想要来这里看看。天花在我们中间是如此致命、如此普遍,但在此地,由于有他们称为"接种"的发明,它变得完全无害。有一群以执行这种操作为业的老妇人。每年秋天,在酷热减弱的9月里,人们都奔走相告,看哪家有人想要通过接种来预防天花。

他们为此聚在一起。当大家(通常是十五六人)聚在一起时,带着盛有天花脓液的核桃壳的老妇人就问你愿意划开哪条静脉。她会立即用一根大针把你所指之处挑开(不会比搔痒更痛),再用大针的针尖尽可能多地向创口注入脓液。之后,她用一片空贝壳将小小的创口盖住并包扎起来,继续以这样的方法为四五个人操作。[5]

蒙塔古夫人在给伦敦亲友的信中对这种接种方式有多种不同版本的描述。她在部分信件中提到,她对这种操作印象深刻,打算给儿子接种。尽管一些有关土耳其人痘接种的科学报告已经提交给了英国皇家学会,但玛丽·蒙塔古的记述最具影响力,部分原因是她不仅描述了这种疗法,还在直系亲属身上使用了这种疗法。1718年3月23日,她给丈夫留了一张潦草的便条,上面写道:"儿子是上周二接种的,现在正在唱歌、玩耍,又急着要吃晚餐。我祈求上帝,下一个孩子接种后也能有这么良好的反应。"她又写了另一张便条,提到了他们尚在襁褓中的小女儿:"我还不能给她接种,因为她的保姆没有得过天花。"[6]

蒙塔古夫人要求"一名有多年经验的希腊老妇人"来施行接种术,但大使馆馆医查尔斯·梅特兰说:"她的针很钝,还锈迹斑斑……让孩子痛苦不已。"梅特兰给孩子又接种了一次,他用手术刀划破孩子的另一只手臂,注入天花脓液。蒙塔古夫人的儿子发了几天烧,双臂又出了脓疱,之后他就痊愈了。他活到60多岁,似乎终身对天花免疫。他被认为是第一个接种人痘的英国人。1721年,在蒙塔古夫人及其家人返回伦敦后,这个男孩的妹妹也成功接种,成为首个在英国境内接种的人。

蒙塔古夫人知道,给孩子接种是冒了生命风险的,她无法准确估计这种风险的高低。我们现在认为,世界上大部分人痘接种的死亡率约为2%。而且,有很大一部分接种者因罹患重型天花而毁容。试想一下,你的孩子由于接种而感染重型天花,彻夜承受病痛折磨,你看着他,问自己,是否由于作为父母的自己做出的选择而置孩子于濒死的境地。但蒙塔古夫人见识了太多重型天花的病例,她认识到,这种最坏的可能的威胁要小于让孩子在毫无免疫保护的情况下接触天花。当时,世界上超过1/4的儿童在10岁前死亡,其中许多儿童正是死于天花,因此约2%的接种死亡率的风险值得一冒。

蒙塔古家子女的成功接种给查尔斯·梅特兰留下了深刻印象。他当时也已返回伦敦,在新门监狱为6名囚犯进行了试验接种,也取得了积极效果。(囚犯们得到承诺,他们如果同意参与试验,就会获得完全赦免。)消息迅速传遍英国贵族圈:玛丽·蒙塔古从东方带回了一种神奇疗法,能够有效抵御那个年代最为可怕的威胁。1722年年末,威尔士王妃指定梅特兰为她的三个孩子接种,其中包括她的儿子、英国王位继承人弗雷德里克。弗雷德里克在童年并未感染天花,虽然在继位之前去世,但他确实活得足够久,有了继承人乔治·威廉·弗雷德里克,也就是国王乔治三世。

事实证明,王室进行接种是一个重要的转折点。在接下来的几十年里,人痘接种在英国上层社会逐渐普及,这在很大程度上得益于玛丽·蒙塔古最初的倡导。但也有一些接种案例以悲剧告终,一些出生时健健康康的孩子死于父母为他们选择的医疗干预措施。在整个18世纪,接种手法都饱受争议,许多施行接种的人并非官方医疗机构的工作人员。但英国贵族阶层接受人痘接种在人类预期寿命史上留下了不可磨灭的印记:在18世纪中叶,预期寿命首次出现的上升趋势主要是因为整整一代英国贵族由于童年时期的天花接种而提升了免疫水平,从而活了下来。

玛丽·蒙塔古的故事以及她在医学史上扮演的出人意料的角色,为我们提供了一个有用的框架,我们得以思考一个更大的问题——是什么推动了社会的真正进步,这种进步可以通过儿童死亡率的下降（那些父母没有失去自己的孩子）和总体预期寿命的延长来衡量。有关蒙塔古夫人"发现"接种的故事的惊人之处在于它与关于进步的传统叙事模式不同。在传统叙事模式中，人们生活质量的改善要归功于英雄科学家（通常是欧洲男性）在启蒙运动时期发展起来的经验方法论指导下的发现，他们纯粹依靠自身的聪明才智找到了改变世界的理念。在人类与致命病毒抗争的漫长历史中，扮演这一角色的一大重要人物是英国医生、科学家爱德华·詹纳，由于研制出了天花疫苗，他被称为"免疫学之父"。

詹纳的"尤里卡时刻"是科学史上最耳熟能详的故事之一，堪与牛顿的苹果和富兰克林的风筝实验相提并论。作为一名乡村医生，詹纳观察到，他所在社区的天花病例分布有一种奇特的模式：挤奶女工感染天花的概率似乎低于普通居民。詹纳设想，是否因为这些女性感染过一种名为牛痘的疾病，也就是毒力较弱的天花"近亲"，这有赖于她们的日常工作。他认为，这种接触使得她们对重型天花产生了免疫。1796年5月14日，詹纳进行了他的传奇实验：他从一名挤奶女工的牛痘水疱中刮出一些脓液，并将其注入一个8岁男孩的手臂。这名男孩出现了轻微的发烧，但很快就证明他对天花产生了免疫。根据标准的叙事，詹纳的实验才是第一次真正的疫苗接种。这标志着一场医学革命的开始，这场革命将在接下来的几个世纪里拯救数十亿人的生命。

在某种程度上，传统观点对詹纳及其在挤奶女工身上的发现保持关注显然是合理的。1796年5月14日的确标志着医学史上的一个转折点，也是人类与微生物之间由来已久的相互较量的一个重要时刻。但对詹纳的关注也掩盖了这一重要事件的关键部分，从而在有关健康领域的革命性突破如何真正发生这一问题上对我们产生了误导。1757年，詹纳还是个孩子时就已接种疫苗。作为一名当地医生，他也经常给病人接种。作为一名科学家和医生，詹纳秉承了一个长期确立的原则，即皮下注射感染天花的物质可以产生免疫。如果不是长期熟悉人痘接种，詹纳不太可能突然想到注射一种毒力较弱的相关疾病的脓液。正如詹纳后来所示，牛痘接种方法显著降低了接种死亡率——患者死于人痘接种的概率至少比牛痘接种高10倍。但不可否认的是，接种措施的决定性因素在于让患者接触少量感染物质，从而触发自身的免疫反应。这种想法的首次出现并非在乡村医生思考挤奶女工的奇特免疫力时，而是在几百年前，早在启蒙运动时期之前的中国和印度的医者当中。詹纳能够想到使用牛痘而非人痘来施行接种，得益于人痘接种术在英国医疗机构中的传播。"倒带"历史，改变一个变量——如果玛丽·蒙塔古留在伦敦，而不是搬到君士坦丁堡——我们完全有理由相信，人痘接种需要更长的时间才能在英国成为一种医疗实践。

当然，假设毕竟只是假设，但关注这些历史事件迫使我们思考社会变革的原动力，以及在世界发生有意义的变革时传播媒介扮演的重要角色。理念就像病毒一样。一个改变社会的理念的传播机构和传播媒介在很多方面与最初的构想同样重要。如果玛丽·蒙塔古留在伦敦，有一点会很明确：人痘接种只能通过其他途径进入英国主流医学。它由东到西的传播也许不可避免，如果蒙塔古没有去君士坦丁堡，英国医生也可能在相同的时间段"感染"这一理念。但这种接种方法在世界各地蓬勃发展了几百年都没有跨越英吉利海峡，如果不是蒙塔古夫人，它肯定会再过50年才能传到英国，这么长的时间足以从根本上改写英国医学史，同时延迟18世纪下半叶出现的首次预期寿命攀升趋势。

一方面，我们有一个不错的故事版本：才华横溢的爱德华·詹纳在1796年的一天发明了疫苗接种。另一方面，我们还有一个更为复杂的版本：接种的理念部分起源于地球的另一端，通过口口相传的方式从一种文化传至另一种文化，直到一位既富洞察力又具影响力的年轻女性关注它，并将其引入自己的祖国，由此逐渐在当地扎根，最终，一名乡村医生在临床应用几十年后，得以对这项技术进行关键的改进。

你可以将这两种叙事版本划分为"天才"叙事和"网络"叙事。在天才叙事中，因果关系链的核心是一两位关键先驱的思想，是他们一手发现了突破性理念。天才叙事可随处见于历史教科书的简要记载中，在书中，真正的网络叙事被降为天才叙事：托马斯·爱迪生发明了白炽灯，亚历山大·弗莱明发现了青霉素。网络叙事则更为复杂，部分原因在于相关的理念或技术的发现往往是同时发生的。19世纪70年代，人们发明了10多种不同的白炽灯。在詹纳发明疫苗之前，1774年已有一位名叫本杰明·杰斯蒂的英国乡村医生实施了牛痘接种。网络叙事更为复杂的另一个原因在于，在使新理念对公众产生价值方面，它强调了初始发现者之外的角色。一个理念本身并不足以改变社会。许多伟大的理念在产生更广泛的影响之前就夭折了，因为它们缺乏网络中其他关键人物的助力，也就是那些强化、倡导、传播、资助最初突破的人物。孟德尔在19世纪提出了一个著名的伟大构想，他在摩拉维亚修道院里进行了豌豆荚培育实验。但由于他没有与更广泛的网络建立联系，遗传学理论因而在40年内没有对世界产生任何有意义的影响。

在一篇分析天花疫苗背后的创新网络的论文中，卡里·格罗斯和肯特·塞普科维茨写道："实际上，'独行天才'现象，即研究人员单枪匹马地解决重大问题的情况少之又少。更为常见的是，事物的发展凝聚了数百人数十年（乃至数百年）的努力，其间包括错误的开端、疯狂的主张和激烈的竞争。这一突破其实是一系列小幅度渐进式进步中的最新成果，也许是最终实现临床意义的成果。但是，一旦宣布了某项突破，并确定了相应'英雄'人物，那么，许多其他人的努力就陷入深深的阴影之中，远离公众崇敬的目光。"[7]强调突然产生的突破不仅在历史层面犯了错误，也对我们在鼓励下一代创新时所采用的优先原则和资助政策产生了误导。格罗斯和塞普科维茨认为："在吸引对自己有利的公众舆论和研究资金方面，与疾病相关的利益集团已经取得了巨大成功。民众痴迷于'突破'的概念——在Nexus数据库中搜索'突破'一词就可以发现，在过去两年中，这个词被媒体引用了1 096次。患者和普通公众都产生了一种不切实际的期望。因此，不直击要害的研究可能会受到阻碍，甚至会受到威胁。"[8]

对网络叙事的重视不仅让历史舞台上涌现出更多的角色，也让这些角色有质的不同。当回溯人类预期寿命翻番的历史时，你会发现网络叙事中有某些重复出现的角色。玛丽·蒙塔古在促成疫苗接种的合作网络中扮演了两个角色，当新思潮在社会上扎根时，这两个角色总是以某种形式出现。首先，她是传播者，从另一个区域引入一种理念，使这一理念同时跨域了思想和地理的界限；与此同时，她也是推广者，通过写作及其在英国贵族和王室中的影响力促使人痘接种在英国传播。

有趣的是，大约在同一时期，美洲殖民地的人痘接种也出现了类似的传播模式，唯一的区别只是地理位置的不同。接种最初通过奴隶贸易来到新英格兰地区，这种接种法在这些奴隶的非洲故乡有着悠久的历史。在蒙塔古到访土耳其之后的几年里，一名被认为是苏丹后裔的奴隶阿尼西母告诉他的主人，他不易感染天花。他解释说："人们取出天花脓液，划破皮肤，然后滴入一滴脓液。"[9] 这名奴隶的主人恰巧是颇有影响力的清教徒牧师科顿·马瑟。尽管他相信鬼神之说（这在塞勒姆女巫审判案中体现得淋漓尽致），但他对科学研究很感兴趣。阿尼西母讲述了他在苏丹的接种经历，虽然当时宗教界的一些同僚反对这种做法，但马瑟仍然坚定地相信人痘接种的力量。（宗教人士认为约2%的接种死亡率违反了十诫中的第六诫：不可杀人。）在日益扩张的新英格兰殖民地，马瑟在倡导人痘接种上发挥了关键作用，他撰写布道词和小册子，并在波士顿医学界力推这种做法。在这个美洲版本的网络叙事中，阿尼西母扮演了传播者的角色，将新理念从一种文化引入另一种文化。这要"归功于"使其背井离乡的残酷的奴隶贸易。科顿·马瑟接纳了这个观点，并利用布道坛和印刷机对其进行了推广。

尽管玛丽·蒙塔古、阿尼西母和科顿·马瑟各有不同之处，但他们有一个显著的共同点：他们都不是专业的医务人员。但他们作为传播者和推广者，都对人痘接种的普及产生了重要影响。事实表明，这也是预期寿命增长史上的一个共同主题：在推动富有意义的变革发生的网络之中，科学家和医生只是其中的一部分。如果没有那些活动家、改革者和布道者，许多挽救生命的创意要么在实验室里被搁置，要么就会遭到公众的抵制。我们倾向于将这次预期寿命的大攀升完全归功于启蒙科学的胜利，这一点可以理解。人们通常认为，一旦西方文化中的伟大思想开始将科学方法应用于疾病和死亡率的问题，必然会带来寿命的延长。但有关疫苗的历史提醒我们，这样的故事并不完整，这不仅是因为人痘接种本身出现在西方之外的世界。疫苗接种的成功既源于科学实证，同样也离不开劝导。健康领域的重大突破不仅需要被发现，还需要被论证、倡导和捍卫。

由于它们是医疗干预措施，会让原本健康的人接触危险的病毒，因此，人痘接种和疫苗接种尤其依赖于玛丽·蒙塔古等有影响力的早期采用者的支持。但最令人瞩目的天花疫苗倡导者是一名美国人，他也没有任何医学背景。1800年的头几个月里，也就是詹纳的挤奶女工实验4年后，一位名叫本杰明·沃特豪斯的哈佛医学院教授收到了一位来自大西洋彼岸英国巴斯的医生寄来的天花疫苗样本。当时，沃特豪斯已经发表了一篇关于这项新技术的论文，他对接种效果非常有信心。他先给自己的家人接种了疫苗，然后给天花患者进行了接种，以此证明实验取得了成功。他还为这一医学突破找到了一个更大的平台。沃特豪斯因此致信一位人脉广泛的弗吉尼亚业余科学家，并附上了他的论文《消灭天花的前景》。

那位弗吉尼亚科学家回了一封热情洋溢的信，两人就此展开了远程合作，这会在将疫苗接种引入美国主流医学方面发挥关键作用。沃特豪斯三次通过邮政服务寄出了疫苗，但弗吉尼亚科学家称，每次的实验都表明疫苗在运输途中就已失去活性，很可能是高温杀死了活病毒。他向沃特豪斯提议，用一种巧妙的包装设计来保存疫苗："把疫苗放入一个小玻璃瓶里，用软木塞塞好，然后浸入一个装满水的大瓶子里，再用软木塞塞好。这样一来，疫苗应该能与空气有效地隔绝，我认为，将疫苗置于水中会比将其直接置于空气中接触的热量更少。如此一来，在整个运输过程中，它每晚都能保持凉爽，白天也都处在阴凉之中，也许能成功。"[10] 这一方案奏效了，1801年11月，弗吉尼亚科学家在一封信中报告说，他已经"给七八十名亲属接种了疫苗，女婿们也给差不多人数的亲属进行了接种，还包括希望被接种的邻居们。整个实验覆盖的人数大约为200人"。[11] 他详细记录了人们对疫苗产生的生理反应，并原原本本地将记录寄给了沃特豪斯。

据我观察，最早会在接种第六天出现透明的渗液，第六、

七、八天一直如此，之后渗液开始变得浓稠、发黄，周围出现炎症反应。最晚会在第八天出现渗液，渗液在第八、九、十天都是清而透明的状态。[12]

在随后的几个月里，他让一些接种了疫苗的人接触天花病毒，证实所有接种者都对天花病毒产生了免疫力。尽管从统计学的角度来看，这些实验缺乏现代药物试验的复杂性，但它们仍然标志着疫苗的采用取得了关键的飞跃：就在詹纳取得突破的 5 年后，大西洋彼岸的数百人成功接种了疫苗，有实证证据证明了试验的成功。在这一时期，大部分医学科学都是骗人的疗法，因此，疫苗试验对一名全职医生来说无疑是一项惊人的成就，但这位弗吉尼亚人只是一名兼职的医疗人员。他的日常工作"碰巧"是美国总统，而他的名字叫托马斯·杰斐逊。

难以想象，一位在任总统在业余时间进行实验性药物试验，但这位律师出身的政治家在美国接纳疫苗接种的过程中扮演了关键角色，这一点说得通。疫苗接种从杰斐逊这样的先驱者的小范围传播到大规模普及，在很多方面更像是法律上的胜利，而非医学上的胜利。强制接种疫苗的立法是人类治理史上的里程碑，因为其中的许多法律标志着国家首次对个人健康决策行使权力。在杰斐逊进行开创性实验之后大约 10 年，也就是 1813 年，美国国会通过了《疫苗法案》，目的是"使任何美国公民接种真正的疫苗"[13]。在英国，1853 年通过的《疫苗接种法》要求所有三岁以下的儿童接种天花疫苗。（随后几十年间，后续出台的疫苗相关法律更为严格。)德国在1874年规定强制接种疫苗。

疫苗接种的法律由民选官员起草,但使这些法律得到公众支持的倡导者,通常既不是政治家,也不是公共卫生官员。在19世纪疫苗接种的推广过程中,扮演了和玛丽·蒙塔古及科顿·马瑟同等角色的正是查尔斯·狄更斯,他的经典小说《荒凉山庄》有着批判性的情节转折,提及了一种未命名的疾病,这种疾病很明显是天花。狄更斯主办了广受喜爱的周刊《家常话》,他在上面发表了数十篇支持疫苗接种的文章,大部分由他亲自撰写。他坚定支持疫苗的强制接种,并常将爱德华·詹纳奉为现代社会的伟大英雄之一。狄更斯在1857年写道:"詹纳医生灵光乍现,将关注点放在意料之外的地方,有效遏制了天花的扩散,给人类带来了前所未有的实际利益。"[14]

狄更斯对强制接种疫苗的强烈支持,本身是由维多利亚时代反疫苗运动的兴起推动的,这场运动倡导的很多价值观与今天疫苗反对者所持的价值观相同。自19世纪中叶开始,有人认为强制接种疫苗是对权益的侵犯,由此涌现了大量小册子、书籍、讽刺漫画、法庭诉讼、松散联盟和正式组织,如美国反疫苗接种协会、新英格兰反强制疫苗接种联盟和纽约市反疫苗接种联盟。在英国,反强制疫苗接种联盟成立于1867年,宣称"议会非但没有保护公民的自由,反而侵犯了公民的自由,将健康定为犯罪,对尽职的父母处以罚款或监禁"[15]。这场运动的领导者包括一些令人敬畏的知识分子,如赫伯特·斯宾塞和阿尔弗雷德·拉塞尔·华莱士,后者在19世纪50年代独立发展了自然选择理论,这一成就很有名。华莱士晚年写了一些攻击疫苗科学的作品，其中包括《事实证明疫苗接种无效且危险》《疫苗是一种妄想：强制接种无异于犯罪》。这位进化论的共同发现者的文章试图根据公共卫生数据提出反对疫苗接种的实证证据。但从长远来看，他的作品对20世纪初更好地收集数据有所启示，最终为疫苗接种的有效性提供了具有说服力的论据。

反疫苗运动处于三股不同潮流的交汇点。首先，在维多利亚时代后期的社会中，各式各样的唯灵论、顺势疗法、"自然疗法"大行其道。（华莱士在19世纪60年代转信唯灵论。）另一支群体之所以反对疫苗接种，是因为他们认为疫苗接种分散了官方卫生机构的注意力，使其无法认识到不卫生的生活条件才是疾病传播的罪魁祸首。（19世纪50年代，信奉瘴气理论的人抵制霍乱经水传播的理论，而很多持上述观点的人都是这些人的后代。）然后是包括斯宾塞在内的政治上的反对者，他们认为，强制接种疫苗是国家从根本上对个人自由的侵犯。他们常引用伦敦大学学院F. W. 纽曼教授的话来说明这一点："就算是以公共卫生为托词，议会也无权侵犯健康成人的身体，更无权侵犯健康婴儿的身体。禁止完全的健康是一种残暴的罪恶，就像禁止贞洁或节制一样。任何立法者都没有这种权力。这样的法律是对权利的剥夺，是不可容忍的，必会招致抵抗。"[16]

疫苗在意识形态上的阻力根植于干预措施的独特性质之一：疫苗被明确吹捧为一种治未病的药物。接种疫苗是最早有科学依据的纯粹的预防行为之一。单凭直觉而言，将其应用于健康状况良好的幼童身上似乎做过了头，显得荒唐不堪，简直就是一种"残暴的罪恶"。但这种干预措施是有统计数据支持的。如果你在孩童时期就接种了疫苗，你就更可能有更长的寿命，能够拥有自己的孩子。从长远来看，这种可能战胜了反对疫苗者的抗议。

英国抗议者确实设法在 1898 年的一项法案中增设了一项条款，该条款规定，如果父母宣称疫苗接种违背其宗教信仰，他们便能获得"豁免证书"。这项法律标志着"良心上的反对"这一概念首次进入英国法律，这一概念和用语将在 20 世纪的军事冲突中发挥重要作用。类似的豁免条款已成为近期反疫苗运动争议的焦点。原以为在美国根除已久的麻疹突然暴发于反疫苗家庭占比较高的社区，美国多个地方政府由此撤销了豁免条款。当然，19 世纪和 21 世纪的反对者的不同之处在于，在两个世纪之间的 20 世纪里，疫苗接种在全球范围内取得了非凡的胜利。在维多利亚时代，抗议者能针对的只有天花疫苗，可供他们运用的统计工具也很有限，无法衡量疫苗的有效性。而当代反疫苗者刻意忽视的记录则令人印象深刻得多，不仅包括白喉、伤寒、脊髓灰质炎等疫苗如今能够抵御的疾病，还包括这些干预措施拯救生命的实证证据。据最佳的估计，自詹纳最早进行的实验以来，在过去两个世纪里，疫苗接种的发明和大规模采用拯救了约 10 亿人的生命。可以肯定的是，这一非凡的成就是医学科学的产物，同时也是活动家、公共知识分子和法律改革者努力的结果。在许多方面，大规模疫苗接种的成就更接近于如劳工组织和普选等现代突破，也就是说，这一理念需要社会运动、劝导行为，以及新型公共机构才能扎根。

其中一家公共机构要追溯到1851年在巴黎召开的一次大会。和今天那些规模盛大的行业会议相比，那次会议不大，仅有12个欧洲国家各派了一名医生和一名外交人员参加。这次会议后来被称为国际卫生大会，它标志着历史上首次聚集了多国专家来讨论如何开展公共卫生领域的合作。1851年会议的重点是探讨标准化检疫程序，从而遏制霍乱的传播，但后来举行的会议扩大了讨论范围，包括分享新兴治疗技术、流行病学数据和对疾病的科学研究。这些会议最终促成国际公共卫生办公室（IOPH）于1907年在巴黎成立，这是有史以来最早创设的真正意义上的国际组织之一。1945年，联合国成立后，IOPH被联合国框架下的一个新机构取代，那就是世界卫生组织。

在如此痴迷于技术型初创企业的创造性破坏的文化中，机构被认为是创新的敌人，这种观点令人遗憾。按照传统的故事版本，如果想要新的想法、新的进展和新的突破性技术，我们就要摒弃僵化的官僚机构，转向思维灵活、不受束缚的代理人，他们能够快速行动，敢于打破常规。但放眼全球，在过去70年里提高人类生活水平这方面，再难找到一个比世界卫生组织贡献更大的实体。在此期间，世界卫生组织取得的最突出成就就是根除天花。

1975年10月，在与人类斗争和共存了数千年之后，自然产生的重型天花病毒感染了最后一个人。当时，年仅3岁的孟加拉国女孩拉希马·巴努的皮肤上出现了明显的脓疱。拉希马住在孟加拉国南部海岸的波拉岛上，位于梅克纳河口。世卫组织官员接到了这一病例的通知，派出一支医疗小组对小女孩进行了救治，并为岛上所有与她有过接触的人接种疫苗。拉希马没有死于天花，疫苗接种也阻断了病毒在波拉岛的传播。4 年后，1979 年 12 月 9 日，在对全球范围内的天花进行了全面排查后，一个科学家委

图 2-2　母亲怀中的拉希马
资料来源：Smith Collection, Gado / Alamy Stock Photo。

员会签署了一份文件，宣布根除天花。次年5月，世界卫生大会正式认可了世卫组织的调查结果。他们宣布"全世界和全人类都将不再受到天花的威胁"，并赞扬了"所有国家的共同努力，使人类摆脱了这一古已有之的祸害"。[17]这是一项真正史诗般的成就，离不开远见卓识和跨越数十个不同国家的实地考察。然而，民众对根除天花的认识远远不及对登月等成就的认识，尽管根除这一古老的祸害对人类生活的影响远比太空竞赛的任何成果更为深远。想想有多少影视作品颂扬宇航员英勇而大胆地迈出了人类的"一大步"，却很少记录人类与致命微生物的斗争，相比而言，这场同样大胆而无畏的斗争更加紧迫。

将根除天花与太空竞赛相提并论还有一个耐人寻味的原因：尽管这场与天花的较量发生在冷战期间，但在很多方面，这是全球合作而非竞争的胜利。1958年，苏联卫生部副部长维克托·日丹诺夫在美国明尼阿波利斯举行的世卫组织会议上发表演讲，呼吁所有伙伴国致力于根除天花这一当时看来相当大胆的目标。这是该计划最早播撒的种子之一。日丹诺夫在演讲开始时引用了托马斯·杰斐逊于1806年写给爱德华·詹纳的一封信，信中预测詹纳的天花疫苗将确保"未来，世界各国只会通过历史知道令人憎恶的天花曾经存在"。在接下来的20年里，经过了击落弗朗西斯·加里·鲍尔斯的侦察机、古巴导弹危机和越南战争等事件，美国和苏联在根除天花方面最终以某种方式找到了进行富有成效的合作方法，这提醒我们，即便在严重的政治分歧存在期间，仍有可能在解决人类健康的关键问题上达成国际合作。

杰斐逊在进行天花疫苗的早期试验期间，还写了一封信给本杰明·沃特豪斯，其中写道"如果能将天花从人类的灾难列表中去除，那必将是一件功德无量的伟业。据我所知，医学上尚未出现同等价值的成就"[18]。一如既往，杰斐逊考虑的是长远目标。当他写下这些话时，与重型天花的斗争正以个体病患为基础逐一进行。当时，全球接种疫苗的只有几千人，可能更少。1801年，在全球范围内根除天花几乎是不可想象的。当然，在技术层面上，这的确是不可能的。当时的科学已经发展到在个体身上以最小的风险触发天花免疫，但要在全世界根除天花这种疾病，尚缺少实现这一目标的工具。

回想杰斐逊早期根除天花的梦想与现实之间的差距，可以让我们更清晰地了解推动世界发生重大变化的力量。20世纪70年代的我们有什么是1801年的杰斐逊、沃特豪斯和詹纳所没有的？是什么让根除天花从空洞的幻想成为可能？

一个关键因素就是世卫组织本身的建立。根除天花的计划始于一项在西非消灭天花的提案，起草人是时任亚特兰大疾病控制中心疾病监测主管的D. A.亨德森。这项提案引起了白宫的注意。1965年，亨德森被派往日内瓦，负责监管世卫组织更为雄心勃勃的全球根除计划。就连亨德森本人也认为，这一目标太过大胆，很可能会以失败告终。但他最终接受了指派，并负责监管该计划，直至1979年签署了根除天花的认证文件。在积极监测和接种疫苗的10年间，世卫组织与73个国家通力合作，雇用了数十万名卫生工作者，他们负责监管仍旧饱受重型天花之害的20余个国家的疫苗接种。一个国际机构能在如此广阔的地域和如此多的独立司法管辖区组织涉及如此多人的计划，这在19世纪初是不可想象的。在全球范围内根除天花，既有赖于疫苗的发明，也有赖于世卫组织这样的国际机构的出现。

根除天花还有赖于微生物领域的一个相对较新的视角，这门科学在杰斐逊时代并不存在。（重型天花病毒在一个多世纪以后才能通过显微镜辨认出来。）但当亨德森首次制订根除天花计划时，病毒学家已经了解到，天花病毒只能在人体内存活和复制。用专业术语来说，这种病毒在其他物种中没有自然宿主。许多引发人类疾病的病毒也能感染动物，比如詹纳的牛痘。但天花病毒已经失去了在人体之外生存的能力，连我们灵长目动物中的近亲对天花也是免疫的。这一知识使得致力于根除天花的工作者具备了一大关键优势。在大规模疫苗接种的攻击下，传统的传染性病毒可能会在属于另一物种的宿主身上避难，如啮齿动物或鸟类，而世卫组织的实地工作者不可能调查得到是否发生了其他物种的感染，更不可能根除这种感染。但由于天花病毒已经"放弃"了将其带给人类的原始宿主，因此，这种病毒在亨德森的根除计划实施过程中就显得尤为脆弱。如果能将重型天花从人类身上根除，就可以真正将它从人类的灾难列表中永久移除。

技术创新在根除天花的过程中也发挥了关键作用。分叉针头的发明使世卫组织的工作人员能够采用多刺法疫苗接种技术。用它接种要容易得多，而且需要的疫苗数量仅为早期技术的1/4，对一个试图在全球各地为数十万人接种疫苗的组织来说，这项创新至关重要。另一项杰斐逊和沃特豪斯的时代所不具备的重要优势是 20 世纪 50 年代开发的一种热稳定疫苗，这种疫苗可以在不冷藏的情况下保存 30 天，有了这一巨大的有利条件，人们便可以向缺乏制冷设备和电力供应的小村庄分发疫苗。

最后一项创新围绕着大规模疫苗接种方法本身。1966 年 12 月，在亨德森负责世卫组织的根除天花计划后不久，在疾控中心的一个项目上工作的流行病学家威廉·福奇正与利比里亚的奥维普亚村的一场疫情做斗争。对此类疫情暴发的传统应对方法是为每一位村民（以及附近村庄的村民）接种疫苗。但疾控中心的计划是才制订的，还无法提供足够的疫苗。由于资源有限，福奇被迫临时想出了一个能用更少的钱做更多事的解决方案。他后来在回忆录中写道，他和同事们自问："如果我们就是那一心想要永生的天花病毒，我们会通过什么方式来扩大家族规模？答案当然是就近找到易感人群来继续繁殖。因此，我们的任务不是给某个特定范围内的所有人接种疫苗，而是在病毒侵犯易感人群之前就识别并保护他们中离病毒最近的人。"[19] 福奇没有在整个地区大规模投放疫苗，而是创设了一个"疫苗接种圈"，以此包围被感染的村民。这是一次有针对性的打击，目的是围绕疫情建立一道免疫防火墙。令福奇惊讶的是，这道防火墙起了作用。疫情在几天之内便宣告结束。福奇的"包围接种"技术最终为世卫组织在全球范围内消灭天花奠定了基础。1975 年，当拉希马·巴努在波拉岛感染天花时，她周围的疫苗防火墙彻底终结了重型天花这一为患已久的祸害。

19世纪初，詹纳和沃特豪斯未能采用福奇的包围接种法，原因之一是这种方法有赖于疾病有关的一种特定思维方式。区别就在于视角的不同：在詹纳时代，大多数与疾病做斗争的尝试都集中在人体本身，以及它神秘的运转机制，如静脉、肺、肌肉及人体其他部位。但包围接种法是从不同角度看待这个问题的。由于病毒在人与人、群体与群体之间传播，你可以通过观察其在地理上的分布来对其进行遏制。詹纳不可能有这样的认识，因为在他的时代，流行病学还未发展成气候。当时的人们明白，疾病的聚集模式有其意义，也曾粗略地绘制疫情暴发地图。但他们没能将那些地图转变为武器，用来对付传染性病原体。福奇关于包围接种的突破性想法佐证了"需要乃发明之母"的说法：由于疫苗的供应有限，他不得不寻找不同的解决方案。但他之所以能想到这一点，是因为他受训的学科已经积累了100多年的实践与实验思维。作为一名流行病学家，他的思维能够跳出局限以观全貌。而流行病学正是世卫组织工作者能够比詹纳更进一步、最终根除天花的关键因素。正如进步史上经常发生的那样，我们对问题的看法的转变本身提供了一种解决方案。

这一点不仅适用于根除天花。人痘接种可能促使18世纪末的英国贵族更为长寿，但正是流行病学的数据革命，而非疫苗接种，使我们的预期寿命首次持续增长，这对大众来说至关重要。

第三章

生命统计

数据和流行病学

利河发源于伦敦北部郊区，蜿蜒南下，直至伦敦东区，在那里流入格林尼治和狗岛附近的泰晤士河。18世纪初，这条河与一个运河网络相连，该运河支撑了该地区日益繁荣的造船厂和其他工厂。到19世纪，利河已经成为全英国污染最严重的水道之一，曾被称为城市"恶臭产业"的污水尽排于此。

1866年6月，一名叫赫奇斯的工人与妻子住在利河河畔一个名为堡贝门利的社区。如今，人们对赫奇斯及其妻子几乎一无所知，只知道他们于当月27日双双死于霍乱。

死亡本身并不值得注意。霍乱自1832年"光顾"伦敦以来，一直阴魂不散，一轮疫情下来，几周之内便可能导致数千人死亡。虽然在1866年之前的几年里，霍乱的影响呈下降趋势，但在当年6月之前的几周里报告了几起霍乱死亡病例，同居一屋的两人在同一天死于霍乱的情况也并非闻所未闻。

事实表明，赫奇斯夫妇之死是一场更大规模疫情的开端。几周之内，利河周围的工人社区便遭受了伦敦历史上最为严重的霍乱疫情之一。报纸上对疫情的报道和新冠疫情时期的描述类似，都记录了失控的上升趋势。截至1866年7月14日的一周内，伦敦东区报告有20人死于霍乱。在接下来的一周，死亡人数为308人。截至8月，每周的死亡人数已近千人。[1] 伦敦已有12年没有暴发过大规模的霍乱疫情，但到8月的第二周，所有证据都确凿无疑地表明这座城市已陷入疫情的围困之中。

正如我们在新冠疫情时期所见的，抵御疫情的第一道防线是数据。当时的伦敦人几乎都能够实时追踪霍乱疫情在东区的蔓延情况，这主要归功于医生兼统计学家威廉·法尔。在维多利亚时代的大部分时间里，法尔负责监督英格兰和威尔士的公共卫生统计数据的收集工作。我们可以毫不夸张地说，新冠疫情最为严峻时期的新闻环境是由威廉·法尔一手营造的。在这样的环境中，诸如今天有多少人插管、住院治疗人数的增长率是多少等实时追踪疫情传播情况的最新数据成为最重要的数据流，而股票行情或政治民调等旧指标都是马后炮而已。

法尔是最早系统地思考如何利用疫情数据以及疫情在时空上的分布情况来遏制疫情传播，并将未来的疫情控制在最小范围的人之一。他参与创设的这一领域后来被称为流行病学，但在其萌芽阶段，它有另一个名字：生命统计（vital statistics，vital 来自拉丁语 vita，意为"生命"）。这一领域的创新与传统模式的医学突破不同，它们并非以神奇药物或新的医学影像技术等形式出现。从本质上讲，它们只是新的计算方法和识别模式的新方法。

当政府卫生部门和居住在遭受疫情侵袭社区中的居民首次注意到伦敦东区的疫情时，这场疫情的死亡覆盖面似乎更为广泛，在 19 世纪的大部分时间里，工业城镇和社区一直保持了这样的趋势。1750 年以后，英国贵族阶层的预期寿命呈现前所未有的增长态势，这主要得益于人痘接种和疫苗接种。在此期间，同样引人注意的情形是社会底层的健康状况没有得到任何改善。在同一时期，人痘接种和疫苗接种也在农村贫困人口和工人阶级中普及。然而，这类群体在这一时期的死亡率却保持了不变，有些地方甚至出现了倒退。如果你是那个时代的富人，那么你的预期寿命就延长了近30岁；如果是穷人，那境况不会比约翰·格朗特时代好多少。

在19世纪上半叶，美国的死亡率面临更加严峻的趋势。尽管疫苗接种得到推广，但从1800年到1850年，美国的总体预期寿命下降了13岁。启蒙科学和工业化的两次革命改变了英国及其大西洋彼岸的原殖民地，创造出新的经济和政治制度，推动了巨大的技术变革，催生了工厂、铁路和电报等新事物。然而，在预期寿命方面，世界上技术最先进的社会似乎在倒退。直到19世纪最后几十年，总体死亡率才得到了有意义的改善，这预示着20世纪预期寿命将在全球范围内产生戏剧性的大飞跃。

这种模式提出了两个有趣的问题：为什么半个世纪以来本应享受启蒙成果的发达国家的死亡率却在上升？是什么样的发展推动了总体预期寿命在19世纪最后几十年里的增长？这两个问题的答案都系于伦敦东区1866年暴发的霍乱疫情上。

当时的人们正在积极思索和调查第一个问题：为什么贫穷的工人阶级死亡率居高不下？在某种意义上，可以说现代流行病学正是起源于解开这一谜团的尝试，而调查这起"案件"最具影响力的"侦探"就是威廉·法尔。1807年，法尔出生于一个贫寒的农村家庭。他早慧好学，十几岁时就吸引了不少富裕的赞助人和导师的支持。在巴黎和伦敦大学学院学医之前，他曾在家乡一名外科医生那里当学徒。25岁左右时，法尔在伦敦开办了一家诊所，但他真正的兴趣所在是生命统计，也就是对大量人口的出生和死亡情况进行分析。从很多方面来说，法尔漫长而辉煌的职业生涯标志着约翰·格朗特在其《关于死亡表的自然的和政治的考察》一书中首次提出的观点发展到了顶峰，即理解死亡率的宏观模式可能会成为一种挽救生命的工具，这种工具与传统的医疗干预措施同样有效。

法尔对统计学和社会改革充满热情，堪称他那个时代的杰出人物。在19世纪30年代，英国各城市成立了多个"统计学会"，法尔本人便是伦敦统计学会的早期成员。在18世纪，利用数据来理解出生和死亡的模式几乎都是出于商业利益的考量，这门学科完全是保险公司基于唯利是图的目的发展起来的。但法尔及其部分同僚看到了生命统计作为社会改革之工具、分析社会弊病和揭示其不平等之手段的潜力。

在《柳叶刀》上发表了几篇分析医学数据的论文后，法尔于1837年被聘为一般登记办公室（GRO）的"摘要汇编员"。GRO是一个新成立的政府机构，负责追踪英格兰和威尔士的出生和死亡情况。在法尔的鼓励下，GRO开始在其死亡率报告中记录更为广泛的数据，包括死因、死亡人员的职业和年龄。在第一份GRO报告的附件中，法尔阐述了他对登记工作的雄心。"相比治疗，预防疾病更为容易，"他写道，"预防疾病的第一步是发现病因。死亡登记将通过实际数据展示死因所起的作用，并衡量……受教育程度、职业、地点、季节及其他身体因素在引发疾病、导致死亡或改善健康状况方面的作用。"[2] 法尔协助创建了一个系统的死因分类方案，对格朗特的"切除结石、精神病、猝死"等古怪分类进行了极大改进。法尔还协助开展了 1841 年英国首次严格意义上的人口普查，这为 GRO 提供了另一个了解国家整体状况的关键数据集。

作为摘要汇编员，法尔负责获取 GRO 记录的原始数据并使其具有意义：发现数据中有趣的趋势，比较人口中不同亚群的健康状况，创设数据可视化的新形式。收集和发布数据不仅仅是报告事实，还是一种甚为微妙的探索性艺术：检验和挑战假设，建立解释模型。正如法尔在他加入 GRO 那年发表的一篇文章中所写的："无论有多少事实，都构不成一门科学。就像海边无数的沙粒一样，单一的事实孤立、无用、不成形；只有将它们进行比较，按它们的自然关系对其进行排列，运用智慧使其明确化、具体化，它们才会成为科学的永恒真理。"[3]

法尔尤为依赖的"具体事实排列"是一份按年龄组细分给定人口死亡率的表格，该表格衍生自 1662 年格朗特小册子里的原"生命表"。人们对比不同社群的生命表，就可以清晰地了解其健康状况方面的差异。英国著名社会改革家埃德温·查德威克是当时公共卫生改革的先驱，他提出了一种更简单的社群健康状况衡量标准：平均死亡年龄。但法尔多次指出，将一个社群的死亡模式简化为单一数据可能具有误导性，特别是在将这些数据与另一个社群的平均死亡年龄进行比较时。由于这一时期婴幼儿死亡率居高不下，一个碰巧处在高生育率期、有更多孩子出生的城镇，其平均死亡年龄会比一个成年人占比更高的城镇低，即便前者是更健康的社群。这一点很矛盾。（尽管社群的整体健康状况良好，

第三章　生命统计：数据和流行病学

但仍有相当一部分儿童会在成年以前死亡，这就会拉低整体的平均死亡年龄。）生命表可以让人一目了然地看到特定人口的整体情况和各年龄段的情况。

也许是因为自己成长于什罗普郡[①]农业区，后又生活在全球最大都市伦敦的个人经历，法尔决定在早期的一项研究中着眼于城乡健康状况之差异。在 1837 年发布的 GRO《第一份年度报告》中，法尔撰写了"乡野疾病"一章。在报告中，他运用了自己为伦敦和英格兰西南部一些农村地区收集的部分较为粗略的数据集。在随后的年度报告中，他继续对文中的分析内容进行了修订，最终他在 1843 年发布的《第五份年度报告》中进行了一项开创性研究。法尔的研究标志着流行病学这一新兴科学的里程碑，基于其本人在一般登记办公室和人口普查中获得的数据池，该项研究同时展现了法尔对数据可视化技术的创新使用。

法尔在 1843 年的研究中分析了英国三大不同社群：大都市伦敦、工业城市利物浦和农村地区萨里郡。实际上，这项研究可以说是"双城一村记"。三联画般的图传递了一个明确的信息：人口密度即人们的命运（见图 3-1）。

在萨里郡，出生后的死亡率呈平缓上升趋势，就像从水线升起的小丘。相比之下，利物浦的死亡率走势看起来更像是多佛岸边的悬崖。这一陡峭的上升趋势将数千起个人悲剧浓缩为一个令人叹惋的生动场景：在工业城市利物浦，超过一半的儿童在 15

[①] 什罗普郡，英格兰西米德兰兹的单一管理区，西接威尔士边界，是英格兰人口最稀疏的乡间之一。——译者注

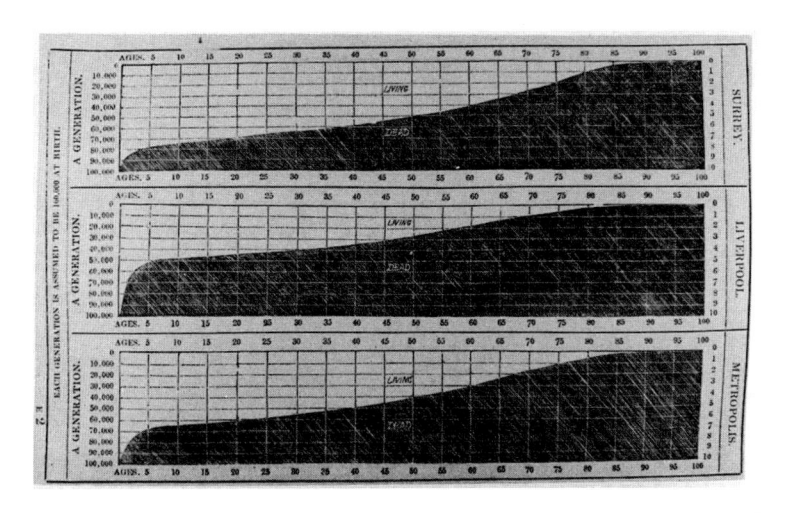

图 3-1 法尔的生命表,从上到下依次是萨里郡、利物浦和伦敦

岁前死亡。

平均死亡年龄——请记住其作为数据点的局限性——同样令人震惊:农村居民的预期寿命接近 50 岁,与长期存在的 35 岁"天花板"相比有了显著改善。英国平均水平为 41 岁。而伦敦尽管是座富丽堂皇的大都市,其平均死亡年龄却已经退回到 35 岁,正是格朗特首次尝试衡量它时的水平。但由于工业化导致的人口爆炸性增长,利物浦的数据才真正令人震惊。利物浦居民平均死亡年龄为 25 岁,这是如此庞大的人口规模中有史以来的最低预期寿命之一。

对于一个许多人看来显而易见的观点,《第五份年度报告》的信息图表提供了首个实证论据:城市正以不断上升的惊人速度"杀人",而且对年幼的孩子尤为"无情"。法尔警告:"崇拜摩洛神①的部落的孩子们穿过火海来到神前,其遭受的危险还不如出生在大城市几个区的孩子所遭受的危险大。"与杰斐逊所称的灾难列表相呼应,法尔继续写道:"对孩子们生活的所有情况进行严格调查可能会带来重要的发现,并可能对那些难以夸大其程度的危害提出补救办法。"4

这就是第一个问题的答案。为什么世界上最先进国家的预期寿命却在下降?一个创造了全球最多财富的经济体怎么可能产生如此毁灭性的健康后果?法尔用流行病学数据得出的答案,与马克思和恩格斯在同一时期运用政治学得出的结论类似:死亡率之所以大幅倒退,是因为在那个历史时刻,"先进"的决定性特征是工业化,而工业化无论发生在哪里,似乎在其最初的几十年里都伴随着异常高的死亡人数。在20世纪,当人们脱离农业生活方式,涌入工厂和城市贫民窟时,世界各地延续了同样的趋势。法尔及其同僚只是碰巧看到了这一模式的首次出现。

从长寿的角度来看,法尔在他的萨里郡、伦敦和利物浦的生命表中发现的模式包含两种截然不同的信息,一种充满希望,另一种则令人不安。萨里郡农村人口的预期寿命攀升至50岁,证明人类社会可以打破长期以来的35岁"天花板"。与此同时,利物浦儿童死亡率的急剧上升清楚地表明,其他类型的社会可能会跌破历史最低点,跌至只有在英国历史上最严重的鼠疫暴发期间才会出现的水平。这些数据讲述了一个无可争议的故事:工

---

① 摩洛神,古代迦南人所拜祭的神明,与火祭儿童有关。——译者注

业城市正在以前所未有的速度"杀人"。这个时代的一个重大问题是，死亡人数以及伴随而来的所有其他苦难，是不是工业城镇高度密集的人口不可避免的产物？有没有办法扭转这一暴跌趋势？

从我们今天的视角来看，答案似乎很明显：工业城市并非"注定"要杀死众多人口。今天，许多千万人口城市有着全球最高的预期寿命和最低的婴儿死亡率。但事实上，答案在19世纪末就已经出现了。从19世纪60年代起，英国工业城市的死亡率开始显著下降，这是下降趋势首次出现在总体人口中，而非仅仅在农村人口或贵族阶层中。这一下降标志着预期寿命开始增长的真正起点，这种人口结构变化将在20世纪延伸至全世界。事后来看，1866年伦敦东区的霍乱疫情并不是工业时代数十年来大量人口死亡的延续。相反，它标志着大规模死亡的趋势开始走向终结。在推动预期寿命首次持续增长的所有进步中，最重要的不是药物或医疗保健，而是数据的重大成就。

在1843年的报告中，法尔还将注意力转向了他收集的数据中另一个令人费解的模式，也就是他所说的"流行病作用定律"，现在的流行病学家称之为法尔定律。在分析利物浦的一场天花疫情时，法尔将死亡人数分为10个不同时期。"死亡人数在第四个登记期之前逐渐增加；第一个登记期的死亡人数为2 513人；第二个登记期的死亡人数为3 289人；第三个登记期的死亡人数为4 242人；乍一看，这些数字几乎以30%的速度增长。"但他观察到，这一增长率"在随后的登记期里只上升到6%，之后就会保持不变,就像曲线顶端的抛射物"[5]。法尔定律首次尝试用数学描述传染病的起伏情况。所有在新冠疫情期间引发个人焦虑和公众监督的模型,也就是让英国时任首相鲍里斯·约翰逊偏离最初的群体免疫策略的伦敦帝国理工学院模型,以及严重影响白宫决策的华盛顿大学对疫情的预测,都是法尔在1843年提出的流行病作用定律的产物。当我们谈论如何使曲线变得平缓时,所讨论的曲线最初都是由威廉·法尔绘制的。

如果让大多数医学史家准确地指出伦敦与霍乱及更广泛的抗击城市死亡率的斗争的关系中的一个关键转折点,他们都不会提及1866年6月下旬。更为人所熟知的里程碑是1854年9月8日,当时在约翰·斯诺博士[①]的敦促下,伦敦苏豪区的一个教区委员会拆除了宽街40号的一个水泵手柄,试图遏制该市历史上最为严重的霍乱疫情之一。4年多来,斯诺博士一直称,霍乱是一种由受污染的供水引起的疾病,而不是像当时流行的瘴气理论所说的通过受污染的空气传播。8月的最后一周,当霍乱在其家门口暴发时,斯诺很快意识到,疫情的高度集中表明,可能是一个单一"点源"引发了疾病。他立刻进行了调查,确定了死者的位置以及他们的饮水习惯,这些信息可能会揭示出受污染的具体水源。确认水源也许能够终结疫情,并最终说服当局相信斯诺的水传播

---

① 约翰·斯诺(1813—1858年),英国麻醉学家、流行病学家,被认为是麻醉医学和公共卫生医学的开拓者。他由于对1854年伦敦暴发的霍乱的研究而被认为是流行病学研究的先驱。——译者注

理论是正确的。作为调查的一部分,斯诺绘制了一张著名的宽街疫情地图,他在死者的住所上标示了小黑条,每一个黑条都代表该街区的一个死亡病例。这幅地图当之无愧地成了历史上最有影响力的地图之一,其重要性堪比哥伦布带领航海家环游世界的早期地图。通过苏豪区街道网格上大量的小黑条,斯诺试图将某些人类不曾理解的内容,即导致霍乱疫情的微观病原体传播模式实现可视化,这些内容就像1492年以前的美洲海岸线一样不为欧洲人所知。

长期以来,斯诺一直怀疑伦敦的饮用水中含有某种微生物,是这种微生物引发了导致霍乱患者死亡的重度腹泻。他花了数个小时在家中的实验室里通过显微镜观察各种来源的水样。但当时的镜片制造技术还不够先进,他无法看到我们现在所知的致病性微生物——霍乱弧菌。(30年后,德国微生物学家罗伯特·科赫才发现这种细菌。)但斯诺意识到,还可以用其他方式来观察这种病原体。他没有借助显微镜将其放大,而是采用鸟瞰视角,通过它造成的死亡的空间分布来间接感知。就像法尔绘制的萨里郡和利物浦的生命表一样,斯诺利用数据可视化工具建立了一个实证案例。但法尔的生命表只表明了一个需要解决的普遍问题:人口密度高的城市正在以惊人的速度"杀人"。而斯诺的地图则显示出了明确的原因以及具体的补救措施。人们的死因是饮用了被污染的水,而非吸入了有毒的气体。想阻止更多的死亡,就需要清理供水系统。

拆除宽街的水泵手柄,以及斯诺绘制的具有开创性的地图,是维多利亚时代晚期公共卫生革命的一个有用起点，原因有二。虽然这场革命涉及许多不同的干预措施，但截至当时，最重要的一项措施就是净化公共饮用供水。水泵手柄的故事表明，在并未真正了解甚至无法观察到导致流行病的生物机制的情况下，依然可以采取有效的卫生干预措施。

这个故事的生动叙事也使其具有里程碑意义：一个不走寻常路的医学"侦探"，在疫情极其严峻的形势下挑战当局，其侦查手段和经验方法最终改变了我们对疾病的理解，并在随后的几十年里拯救了无数人的生命。碰巧的是，我个人与斯诺的故事亦有关联，因为很多年前我撰写了一本关于1854年霍乱疫情的书。[6]我最初之所以被这段历史吸引，正是因为它似乎是一个经典的"独行天才"故事，斯诺是主角：一个局外人与当权者的斗争。在此之前，大多数最为普遍的叙事基本上都是这么说的。

但当我坐下来对这本书进行充分研究后很快发现，这个"独行天才"模式严重扭曲了水泵手柄的拆除和在更广泛的范围内推翻瘴气理论的因果关系。它将一个网络浓缩为一个单独的个体。不可否认，威廉·法尔是这个大范围网络中的一员。斯诺在很大程度上依赖法尔在过去20年里开创的数据收集方法，在调查霍乱的整个过程中，他一直在与这位统计学家进行"知识对话"。该网络的另一名成员是当地一位名叫亨利·怀特黑德的牧师。跟随科顿·马瑟作为天花疫苗倡导者的脚步，怀特黑德进行了一项与斯诺的调查类似的业余调查：一开始，他试图反驳水污染理论，随后他发现自己越来越被数据说服，最终站在了斯诺的一边。事实上，是怀特黑德发现了这场疫情的"零号患者"，一名被称为"婴儿刘易斯"的6个月大的女婴在宽街40号感染了霍乱，她的排泄物污染了井水。（这口井与宽街40号地下室的污水池仅隔着一堵腐烂的砖墙。）由于怀特黑德在当地社区有深厚的人脉根基，他还收集到了有关该社区死亡人数的更多数据，又追踪到了逃离苏豪区并死于农村的当地人。可以说，如果没有怀特黑德的贡献，斯诺对宽街疫情的调查就不能让当局相信他的水传播理论是正确的，而且占统治地位的"正统"瘴气理论可能会继续存在几十年的时间。正如在有意义的社会变革中经常出现的情况，我们对水和疾病之间关系的理解要发生变革，就需要多位具备不同技能的人物参与其中：法尔的开源数据平台、斯诺的流行病学"侦探"工作和制图技能，以及怀特黑德的社交能力。

　　了解到霍乱的根源是受污染的供水，只是解决方案的一部分。要想真正遏制这种疾病，伦敦当局必须清除饮用水中的霍乱弧菌，这就需要将城市的废水系统与供水系统分离，19世纪最伟大的工程成就之一——伦敦下水道系统应运而生。

　　由才华横溢、不知疲倦的约瑟夫·巴泽尔杰特监工，该项目拆除了在伦敦街道下积累了数百年、毫无章法的排水和废水管道网络，取而代之的是一个总长达82英里、有组织的下水道管道系统，共使用了3亿块砖，其中包括沿泰晤士河两岸修建的大规模拦截线，以防止城市垃圾流入河里。（沿着维多利亚堤区或切尔西堤区漫步的游客，凝望着伦敦高楼林立的天际线，不经意间享受的风景正是专为清除城市饮用水中的霍乱弧菌而修建的工程。)令人惊讶的是，该项目的主要管线仅在修建 6 年后就发挥了作用。

这个故事有一个有趣的补充说明——尽管威廉·法尔收集到了大量数据，并不断检验和挑战自己的假设，但他仍然长期相信瘴气理论。在其职业生涯中，法尔一直对低海拔的人类定居点抱有一种奇怪的偏见，这种偏见在某种程度上源于他所收集到的数据，数据显示泰晤士河沿岸的死亡率较高。法尔认为，在水陆交界的沼泽地带，有毒的气体污染了空气。他制作了很多精妙的地图，再结合死亡率及死亡分布图来证明这一点。(最终，海拔和疾病之间的因果关系再次被证明与饮用水有关：居住地离泰晤士河越远，就越有可能获取污染较少的水源。)法尔对海拔高低存在的偏见最终转变为一种奇怪的"地形种族主义"：最高的文明成就只会出现在海拔更高地带的文化中。法尔写下了一段惊人的文字："那些生活在沼泽海岸和低洼的河边的人，生活肮脏，没有自由，没有诗人，没有美德，没有科学……他们没有艺术创造与实践，没有医院，没有城堡，也没有适合居住的住所……他们接二连三地被更强大的种族征服和压迫，他们似乎只能生活在奴隶社会，没有能力建立其他任何形式的社会。"[7]

法尔的"疾病海拔理论"在医学和历史上都没有多少意义——只需要想想威尼斯水城或诞生于尼罗河三角洲的伟大文明，便知法尔大错特错。尽管对地形的偏见对他的解释模型产生了奇怪的影响，他最终还是相信了霍乱经水传播的理论。法尔向斯诺理论的转变将在 1866 年夏天以一种特别戏剧性的方式受到考验，当时巴泽尔杰特的团队刚完成伦敦下水道的建设。

那时法尔已经 65 岁左右，仍然在协助监督 GRO 年度报告的编制工作以及斯诺在调查宽街疫情时所依据的出生和死亡周报。1866 年 7 月，在浏览周报时，法尔发现伦敦东区的霍乱导致的死亡人数出现了奇怪的激增。自 1854 年疫情以来，这种疾病接近休眠状态，巴泽尔杰特主持修建的下水道系统也基本正常运行，这使得这场疫情的暴发更加令人费解。年轻时的法尔可能会立即将注意力转向地形图，计算死亡人数与海平面的关系。但是，60 多岁的法尔则有所不同，在目睹斯诺如何捍卫水传播理论后，他已经摒弃了瘴气理论。随着死亡率每周攀升，法尔没有再去计算海拔相关的数据，相反，他立即开始调查附近的饮用水水源。

到 19 世纪 60 年代中期，即便工人社区中也有相当一部分人通过私人公司获取饮用水，这些公司负责将管道铺设到指定的地址，类似于今天有线电视公司的做法。法尔决定对最近一场疫情的死亡人口进行分类——不是按居住地，而是按供应他们饮用水的公司。首次粗略收集的数据便明确揭示出一个情形：绝大多数病例的饮用水来自东伦敦自来水公司的管道。几天之内，法尔就在伦敦东区各处张贴布告，警告居民不要喝"没有煮沸过的水"。

调查随后转向东伦敦自来水公司，该公司声称，其供应的饮用水都在新建的有盖水库中进行了有效过滤。此案的一名主要调查人员读了一本关于 1854 年宽街疫情的回忆录，作者是协助约翰·斯诺对社区进行调查的牧师。由于斯诺已去世，调查人员认为他的原工作伙伴可能有助于追查伦敦东区疫情的起因。这就是为什么亨利·怀特黑德牧师再次出山，在伦敦街头采用基础的侦探手法追捕隐形杀手。到8月，他们已经发现了污染线路：这家东伦敦自来水公司的其中一个水库没有与附近的利河完全隔绝。调查人员仔细阅读了当年夏天早些时候的周报，发现住在水库附近的赫奇斯夫妇已经去世。对其住所进行检查后发现，他们的厕所将排泄物直接排入了利河。

现在，斯诺与水泵的故事已被认为是现代流行病学和公共卫生领域的奠基时刻，是历史上人类开启一种新"开关"的时刻之一。但在宽街疫情传播期间，人们只发现了一些关键元素。在很多方面，1866年的疫情都应当被视为一个重要的里程碑。在1854年，当局角色只是略为重要：斯诺是一个"局外人"，大多数公共部门仍然相信瘴气理论。诚然，法尔出具了死亡率报告，但除此之外，公共部门的数据更像是这条路上的障碍。然而，到1866年，整个体系已经形成了有机的整体：巴泽尔杰特修建了污水拦截线，法尔提供了数据，水传播疾病理论已经为大多数公共卫生决策者所接受。这套完整的体系能够迅速发现新的疫情，成功控制疫情，并改变现有供水管线，从而遏制后续疫情的发展。

事实表明，这种成功并非昙花一现。伦敦东区的疫情的确是伦敦最后一次暴发霍乱。霍乱弧菌在横穿整个欧洲后，于1832年抵达英国。在此后的一二十年里，它有可能变成天花或肺结核级别的杀手。随后它却消失不见。至少对伦敦来说，霍乱已经从灾难列表中删除，一去不返了。

法尔和斯诺以不同的方式明确表明，巧妙运用生命统计数据可以创造出看待人类疾病和健康状况的新方法。法尔的生命表揭示了城市中存在的预期寿命不平等现象；斯诺的地图表明霍乱经水传播病菌引发，即便当时科学上还没有发现这种细菌。19世纪末，另一位数据领域的先驱利用地图和基础流行病学在对人类健康的认知上取得了类似的突破，他就是博学的非裔美国公共知识分子W. E. B. 杜波依斯。

　　今天，杜波依斯最为人所知的身份是民权活动家，他是美国有色人种协进会（NAACP）的创始人之一，也撰写了有关非裔美国人经历的著作《黑人的灵魂》，该书对未来产生了重要影响。但杜波依斯的职业生涯始于对费城一个黑人社区的研究，研究成果于1899年成书并出版，名为《费城黑人》。虽然这本书被视为社会学的开创性著作，预见了芝加哥学派在接下来的几十年里使用的许多研究方法，但它同时也创建了一种思考公共卫生的新方式，即社会流行病学，这一点同样值得称颂。杜波依斯率先揭示了一个令人沮丧的事实：非裔美国人的死亡率高于白人，这种差异的部分原因在于他们的生活环境深受种族主义压迫力量的影响。这一现象在新冠疫情时期仍然困扰着美国。

　　1896年，近30岁的杜波依斯来到费城，担任为期一年的"社会学助理"。当时，他刚在哈佛大学取得了哲学博士学位，他是第一个获得哲学博士学位的非裔美国人，并在欧洲的柏林大学攻读了两年的研究生课程。早在哈佛大学读本科之时，他曾师从威廉·詹姆斯[①]和乔治·桑塔亚纳[②]等哲学巨匠。但詹姆斯曾警告杜波依斯，对任何"没有独立经济来源"的人来说，作为一名专职哲学家都是具有挑战性的，而19世纪90年代的政治环境迫使他越来越多地将自己卓越的智慧集中在当时所谓的"黑人问题"上。一波耸人听闻的新闻和伪学术文章，以《美国黑人的种族特征和倾向》等为标题，主要通过指出"黑人种族"本身的不足之处来解释非裔美国人的高贫困率和高犯罪率。杜波依斯开始认为，社会学的初步工具可能是通过科学的、以数据驱动的镜头来看待非裔美国人所面临的挑战，这种方式摆脱了许多关于"黑人问题"的评论所带有的明显偏见。

在费城，许多富裕的进步人士——其中许多人属于长期存在于该市的贵格会教徒——一直在以持续升级的警惕性关注着第七选区不断上升的犯罪率和贫困率。第七选区毗邻斯库尔基尔河，是一个由18个街区组成的网格状地带。和法尔与斯诺所分析的伦敦苏豪区及东区类似，这一区域今天是一处繁华之所，有高端餐厅、精品店，也有翻修后的联排别墅，但在19世纪，它面临着城市退化问题，目之所及皆是一片荒凉景象。然而，与伦敦那些街区不同的是，第七选区发生的危机带有明显的种族主义色彩：在美国南北战争结束后的几十年里，这个街区已成为费城

[①] 威廉·詹姆斯（1842—1910年），美国心理学之父，美国本土第一位哲学家和心理学家。——译者注

[②] 乔治·桑塔亚纳（1863—1952年），西班牙著名自然主义哲学家、美学家，早年就读于哈佛大学，后任该校哲学教授。——译者注

最大的非裔美国人社区。杜波依斯的传记作者大卫·L. 刘易斯写道:"因为许许多多的非裔美国人住在那里,因为他们中的大多数太过贫穷,因为他们很多人刚从南方来,因为他们实施了很多犯罪行为,因为他们的肤色和文化在白人邻居眼中如此惹眼,所以,这个街区成了费城之祸根,居住于此的人就是'危险阶层'的化身,让现代绅士难以安枕。"[8]

到1895年,费城的精英阶层已经清楚地意识到,第七选区以及该市其他以非裔美国人为主的社区已陷入贫困和暴力的恶性循环,这一情形后来被称为20世纪的"内城危机"。巧合的是,白人进步慈善家苏珊·沃顿就住在第七选区附近,为造福费城的非裔美国人,她在过去10年里资助了一批慈善机构。沃顿说服了宾夕法尼亚大学教务长,需要一名"训练有素的观察员"来理解第七选区不断升级的问题——如果观察员本人就是非裔,那是最理想的了。鉴于其出色的学术成绩和此前在欧洲的社会学研究,杜波依斯当之无愧地成了最佳人选。因此,1896年夏,杜波依斯和他的妻子搬进了伦巴底街700号的一间一居室公寓,就在第七选区东边。

正如宾夕法尼亚大学教职员工的概述,杜波依斯的工作描述从表面上看似乎显示了一种实证研究模式:"我们想确切地知道这一阶层是如何生活的,他们从事什么职业,有哪些职业是他们无法从事的,他们的孩子中有多少在上学,同时我们也想弄清楚有助于解释这一社会问题的每一项事实。"[9]但杜波依斯在加入这个项目时就明白，他的资助者尽管怀揣进步理想，但仍然在问题的核心本质上坚持种族主义信念。杜波依斯后来将这种默许假设描述为"一个犯罪率如此高的种族一定有什么问题"。因此，这位年轻的学者决定通过大量的社会学调查来对抗这种偏见，这项研究比 40 年前约翰·斯诺在苏豪区进行的研究更为全面和深入。"问题就摆在我面前，"他后来写道，"我亲自研究它，没有委托他人。我没有派任何代理人，都是我自己去的……我浏览了费城图书馆的数据，很多时候也进入了有色人种的私人图书馆……我绘制了这个区的地图，按条件进行了分类。"在随后的几个月里，杜波依斯每天早上都会带着拐杖和手套离开伦巴底街 700 号，开始对第七选区进行为时 8 小时的"探索"，他挨家挨户敲门，采访居民的工作生活和家庭情况，查看他们的居住条件。到调查结束时，杜波依斯已经花了 800 多个小时记录该街区的情况，在短短三个月的调查中，他走访了 2 000 多户家庭。和斯诺的做法一样，他在调查中列出的一些数据后来以地图的形式呈现，选区里的每个地块都用颜色编码，表示五类居住者，杜波依斯分别称之为"恶棍和罪犯阶层""穷人""劳动人民""中产阶层及以上"，以及属于白人或商业企业的住宅的住户（见图 3-2）。

即便对住在选区边界的费城进步人士来说，这些颜色编码本身也是一种启示，记录了非裔美国人社区中明显存在的一种阶级结构。我们可以从地图上不同类别的空间分布中清楚地看到，穷人和罪犯阶层挤在第十七街东边，较富裕的家庭则在选区西侧边界，与白人邻居混杂居住。这些可视化图以及随之写就的详细文

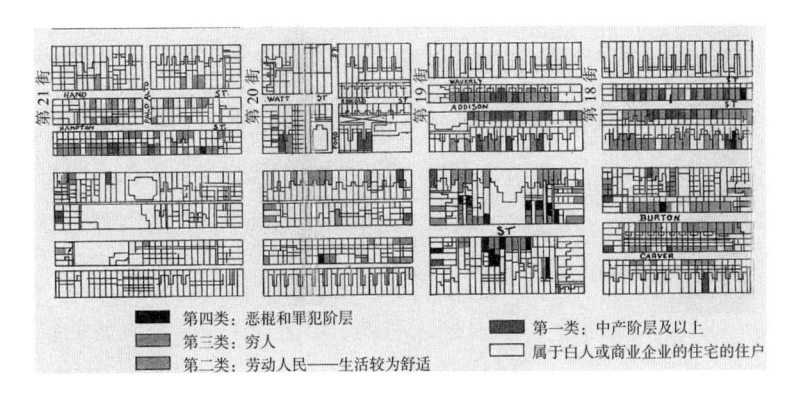

图 3-2　杜波依斯 1899 年绘制的费城第七选区地图局部

图例：
- 第四类：恶棍和罪犯阶层
- 第三类：穷人
- 第二类：劳动人民——生活较为舒适
- 第一类：中产阶层及以上
- 属于白人或商业企业的住户

章，最终为《费城黑人》赢得了应有的地位，使其成为城市社会学的早期开创性作品之一，与英国社会学家查尔斯·布斯在19世纪80年代绘制的著名的伦敦贫困地图，以及简·亚当斯①在杜波依斯开始调查第七选区前一年编制的芝加哥赫尔馆地图齐名。然而，杜波依斯的《费城黑人》所取得的成就仍被大大低估了，因为他在分析人类健康差异的科学方面也取得了重大进展。作为一名社会学家，杜波依斯是其所在领域的先锋；作为一名社会流行病学家，他分析和解释了白人和黑人之间的健康状况差异，在该领域至少领先了半个世纪。

与《费城黑人》这一更大的项目相呼应，杜波依斯开始与当时的"标准-问题偏见"做斗争。这种偏见认为，是某种内在的东西导致了黑人种族较高的死亡率。"当人们注意到这个种族的

---

① 简·亚当斯（1860—1935 年），美国社会活动家，1931 年获诺贝尔和平奖。亚当斯曾于 1889 年在芝加哥一个工人贫民区建造了一所大住宅，将其命名为赫尔馆。——译者注

高死亡率时，"杜波依斯解释说，"许多人容易得出这样的结论：这个比率不正常，而且从未出现过，既然这个种族注定要提前灭绝，那么我们能做的就只有对劣等种族进行教化。但统计学专业的学生都知道，现在的事实是，黑人目前的死亡率并不比人们想象的高。此外，在过去的两个世纪里，文明国家的死亡率都大于或等于这一种族。"[10]

杜波依斯通过10多个图表呈现了第七选区（及至费城）非裔美国人死亡率较高的统计证据，其运用的技巧会令威廉·法尔都印象深刻。平均而言，黑人的死亡率比他们的白人邻居高约5%。虽然杜波依斯从未计算过黑人的预期寿命，但他确实以法尔的生命表的形式添加了几个图表，显示了黑人和白人家庭在儿童死亡率方面的惊人差距。费城黑人在15岁之前的死亡率是白人的两倍。

如果杜波依斯仅仅是设法用如此强大的统计证据来记录种族间健康状况的不平等，那么《费城黑人》就标志着"生命统计"发展的一个重要里程碑——当然是在法尔的生命表揭示了城乡预期寿命不平等的基础之上。但杜波依斯知道，考虑到当时的种族偏见，他要做的就不仅仅是记录这种差异。更重要的是，他必须解释这种差异，以此证明这并非"劣等种族"居住在第七选区的必然结果。此外，杜波依斯将社交纳入了社会流行病学，通过对社区状况进行详尽调查，揭示了导致健康状况出现如此巨大差异的环境因素。他将这些硬件条件与城中更为严重的歧视联系起来，我们现在称之为系统性种族主义。

"总的来说，"他写道，"黑人作为一个阶层，居住在城市中最不卫生地区的条件最差的房子里……在 2 441 个家庭中，只有 334 个家庭有浴室和抽水马桶，占比约为 13.7%。即便是这 334 个家庭，大多数情况下居住条件也很差。许多家庭与一个或多个其他家庭共用一间浴室。浴缸通常没有热水供应，而且很多时候根本没有水管接头。这种情况在很大程度上是由于第七选区属于费城的老城区，在建成的时候，院子里的地下室是专用的，小房子里没有预留卫生间的空间。在房屋居住人口密度大增、出现宽敞后院之前，也并不是那么不卫生，但今天的后院已建满廉价公寓，该片区的死亡率体现了这里糟糕的卫生状况。"[11]

在了解第七选区过度拥挤的问题上，杜波依斯的亲自探访也为其提供了一个独特的优势。在调查记录中，有两套公寓是 10 人合住一个房间，另有 100 多套公寓是 4 人及以上共用一个房间。杜波依斯解释，正是这座城市的经济现实以及根深蒂固的偏见使得非裔美国人不可避免地生活在如此不卫生的环境中。"不可否认的事实是，大多数费城白人不愿意住在黑人附近，这就严重限制了黑人对住房的选择，特别是在选择廉价住房方面。此外，如果房地产经纪人知道房屋供应有限，他们通常就会把黑人租户的租金提高一两美元——如果黑人租户不完全拒绝……大量的黑人在经济社会中为富人提供服务，他们在私人住宅、旅馆、大商店等地点工作。为了保住工作，他们必须住在工作地点附近……由此可见，很明显是黑人的工作性质迫使他们比白人工人更多地挤进市中心居住。"杜波依斯明确表示，如此多的非裔美国人过早死于结核病等传染性疾病，并非"黑人种族"固有的疾病倾向所致，而是社会组织方式的间接后果，这种组织方式将非裔美国人引入了城市中最不卫生的地方。简单地要求非裔美国人采取更健康的生活方式不可能解决第七选区的健康危机，如果我们想要改善他们的健康结果，就必须改变整个体系。

就像法尔和斯诺最初在生命统计领域的尝试一样，在人类与21世纪的健康威胁的斗争中，杜波依斯在数据分析方面的创新仍然发挥着至关重要的作用。非裔美国人在预期寿命和儿童死亡率方面仍落后于美国白人；新冠疫情对美国有色人种产生了更为严重的影响，部分原因是这些人继续生活在人口密度更高的居民区，呼吸系统疾病在这种地方很容易传播。社会流行病学揭示的这一健康不平等现象催生了一个全新的研究领域，该领域旨在探索贫困和歧视如何导致长期的健康问题——主要通过慢性压力对身体产生的有害影响。法尔和斯诺利用数据揭示了工业城市的硬件基础设施如何滋生疾病，而杜波依斯则采用了一个可比的数据集，并将其与更广泛的偏见问题联系起来。

在对1854年霍乱疫情进行联合调查多年后，亨利·怀特黑德写下斯诺曾告诉他的话："你我可能活不到那一天，当那一天到来时，我的名字将被遗忘，但霍乱大暴发届时将成为过去，而正是对疾病传播方式的了解导致了这种疾病的根除。"斯诺的名字并没有被遗忘，他对霍乱疫情消亡的预言在很大程度上是正确的。在今天的伦敦，一个水泵复制品立在原宽街40号的人行道旁，水泵上一块小小的匾纪念着这一突破，水泵旁边的街角有一家名为"约翰·斯诺"的酒吧。公共卫生工作者定期前往该地"朝圣"，一些人还在酒吧的留言簿上签名。但和伦敦其他的旅游地标比起来，这样的水泵"纪念物"确实惊人。许多大城市的大型公共纪念碑都是用来纪念军事事件和英雄人物的，比如，特拉法加广场上矗立的纳尔逊勋爵像，或者在离我家不远的布鲁克林大军广场上的美国南北战争纪念碑。水泵的确是我见过的为数不多用于纪念公共卫生领域突破的城市纪念物之一。当然，水泵"纪念物"体量很小，小到如果不是碰巧站在它旁边，你根本注意不到它——你很可能沿着街道的另一边行走，几乎完全不会注意到它的存在。为纪念杜波依斯的调查，第七选区设置了一个类似大小的纪念匾，上面写着这位"非裔美国学者、教育家和活动家"曾住在附近，"当时他正在为其经典研究《费城黑人》收集数据"。

从数量和规模上看，战争纪念碑无论是和宽街的水泵还是第七选区纪念杜波依斯的纪念匾相比，比率都有些失衡。需要明确的是，在特拉法加战役或美国南北战争中阵亡的将士当然值得我们纪念。但水泵提醒着我们另一段不同的历史：这是纪念被拯救的生命，纪念数十万乃至数百万免于霍乱之灾的人，而他们的幸免于难部分原因是一位住在贫困社区的医生从死亡率相关数据中看到的模式改变了我们对流行病的理解。（在一位统计学家和一位牧师的协助下，这一模式为大众所知。）在过去两个世纪的历史中随处可见类似的胜利和突破，它们以不可估量的方式重塑了我们的日常生活，特别是在大城市，就在几代人之前，流行病每天都在发生。那么为什么我们不能像庆祝军事上取得的胜利那样大张旗鼓地庆祝这一领域的胜利呢？

纪念碑数量的不平衡反映在物质上则是更大的不平衡：公共卫生机构和军队之间的资金差异巨大。美国每年给直接继承了法尔和斯诺开创性工作的疾病控制与预防中心（CDC）的拨款约为80亿美元。相比之下，美国军方仅在天基预警系统上的支出就几乎是这个金额的两倍，而国防总开支则接近一万亿美元。就在我写这些内容的时候，6个月内死于新冠病毒感染的美国人超过了20世纪美国参加的所有战争中的总伤亡人数的一半以上。这场疫情清楚地表明，人类面临的来自微生物的威胁比来自人类对手的威胁大得多。生命统计和相关的公共卫生干预措施挽救了大量生命，这提醒我们，在历史上，正是世卫组织或疾控中心这样的机构在保障人类安全方面发挥了最为重要的作用。

对这项工作的评价存在固有的认知问题，它并未体现在工厂、摩天大楼、火箭等可见的现代"标志"中。相反，它存在于肉眼看不见的地方：在对饮用水中微生物的净化中，在埋在地下的下水道中，在充满晦涩难懂的数据表格的出版物中。这些成就很难被看见，因此，它们在纪念物和政府开支中并未得到充分体现，但这一事实不应成为我们把注意力继续放在战斗机与核武器上的借口。相反，它应该激励我们纠正自己的眼光。

第四章

牛奶安全

巴氏杀菌和加氯处理

1858年5月，就在约翰·斯诺在伦敦苏豪区那口水井中发现霍乱疫情的源头后不久，美国布鲁克林一位名叫弗兰克·莱斯利的进步记者发表了一篇5 000单词的檄文，声讨了另一个在大都市街头出没的残忍杀手。这篇文章毫不留情地揭露了它犯下的滔天罪行，称某些"恶棍"对无数儿童的死亡负有不可推卸的责任。莱斯利称之为"对无辜者的大规模屠杀"。他怒道："对午夜刺客，我们有绳索和绞架；对强盗，我们有监狱；但对杀害数以千计孩子的'杀手'，我们既无法进行谴责，又无法施以惩罚。"[1]

这是电影《纽约黑帮》①中描述的时代，所以人们可能会自然地认为莱斯利是在谴责黑社会。他经常提到"液体毒药"，也许表明他的文章和那个时代发表的许多禁酒文章一样，都在哀叹酒精对社会的破坏作用。但对现代读者来说，莱斯利实际上"瞄准"的"大规模杀手"似乎有一点儿奇特——他谴责的不是暴徒或毒贩，而是送奶工。

在现代社会，牛奶与健康和卫生紧密相关，人们很难想象，在不久以前它还是导致儿童死亡的主要因素之一，其致命性可能与导致霍乱的受污染水源一样。19世纪中叶，纽约经历了失控的人口增长，儿童死亡率接近50%，相当于法尔记录的工业城市利物浦的"大屠杀"的水平。19世纪初，在大多数美国大城市，报告的死亡案例的25%涉及5岁以下的儿童，以现代标准衡量，这仍然是一个令人震惊的数字。但到19世纪40年代，纽

---

① 《纽约黑帮》，2002年美国影片，讲述的是发生在19世纪纽约的纷争。——译者注

约超过一半的死亡人口都是婴幼儿。正如莱斯利所说，这座城市的某些东西似乎确实在以越来越快的速度"屠杀无辜者"。其中一些死亡由水传播疾病导致，特别是1832年和1849年暴发的霍乱。但在其他年份，主要的杀手似乎是受污染的牛奶。尽管绝大多数受害者是儿童，但许多成年人也深受其害。1850年，在为华盛顿纪念碑奠基后，美国第十二任总统扎卡里·泰勒去世，很多人认为死因是他喝了一杯被污染的牛奶。

饮用动物奶是与驯养动物本身一样古老的做法，这种做法一直存在健康风险，要么是感染动物身上的传染病，要么是乳制品变质。但19世纪头几十年发生的一系列事件使牛奶的致命性远超以往。由于其荷兰"血统"[①]，曼哈顿岛上奶农生产牛奶的历史可谓悠久，产出的牛奶供应给聚居在该岛南端的纽约人，以及分散在曼哈顿北部和布鲁克林的乡村地区的农场。但在19世纪，这些地区迅速城镇化，传统农田消失了。在没有制冷的年代，如果牛奶从新泽西州或纽约州北部的偏远牧场运来，那么在夏季，牛奶很快就会变质。有进取心的乳制品生产商认识到，只要在荷属曼哈顿时代的广阔牧场不复存在的情况下还能继续养牛，他们就可以在大城市保有大量牛群。他们很快就与邻近的酿酒厂达成了看似微妙的合作关系。酿酒厂从源自谷物的废物中提取酒精来酿造威士忌，这些废物的名字有些令人作呕："泔脚""醪液""泔水"。酿酒商没有丢弃多余的废物，而是将其出售给牛奶

[①] 1609年，荷兰西印度公司代表亨利·哈得孙发现曼哈顿岛；1626年，荷属美洲新尼德兰总督彼得·米努伊特花了大约24美元从印第安人手中买下曼哈顿岛。——译者注

生产商，后者用这些废物代替更昂贵的谷物或牧草来饲养奶牛。吃了威士忌"泔水"的奶牛产出的牛奶是蓝色的，让人毫无食欲，但至少可以趁新鲜送到曼哈顿暴涨的人口手中。

工业化带来的劳动力模式的转变也促进了牛奶市场的发展。越来越多的女性加入劳动力大军，导致越来越多的婴儿在出生后几个月内就不再由母乳喂养。一位健康专家认为："现代生活带来的损耗、对母亲意志力和时间的要求，以及其他尚不明确的因素，导致人类无法为后代提供天然食物。"[2] 随着人们对牛奶需求的不断增长，以及乳制品行业与酿酒商的共生伙伴关系又降低了各种成本，整个纽约市很快就出现了大量的工业化的乳制品生产商，成千上万头奶牛挤在曼哈顿和布鲁克林城区的饲养场。它们终生被拴在牛棚里，面前的食槽里流淌着来自酿酒厂的泔水。乳制品生产商完全用泔水喂养奶牛，甚至不给它们饮水，因为他们认为酿酒厂的废物中含有足够的水，如此一来奶牛便患上了严重的溃疡，甚至尾巴都脱落了，许多奶牛的牙齿也脱落了。尽管牛奶的生产过程令人毛骨悚然，但确实由此产出了大量的廉价牛奶。生产商在奶中掺入粉笔灰、面粉和鸡蛋，使其看上去更像"纯正的乡村牛奶"——他们用这种误导性的广告语来描述自己的产品。广告加上每夸脱①只需 6 美分的便宜价格，很快就让曼哈顿和美国其他城市的工薪阶层迷上了这种泔水牛奶。儿童几乎立刻开始以可怕的速度死亡。

---

① 夸脱，容积单位，主要在英国、美国及爱尔兰使用。英制 1 夸脱约为 1.1 升，美制 1 夸脱约为 0.9 升。——译者注

人类如何将牛奶从"大规模杀手"转变为健康和营养的象征，这个故事给我们上了实实在在的一课，让我们明白了我们平常如何误解那些推动人类健康长期改善的因素，或者将这些因素简化到无法识别。首先，当提到过去不久的威胁时，比如泔水牛奶（或约翰·斯诺和威廉·法尔曾帮助净化的受污染的饮用水），大多数人都有一种"历史健忘症"。今天的大多数纽约人都没有意识到，就在三四代人之前，居住在这座城市的祖先童年时死于一杯牛奶的概率很大。我们记住了那个时代的军事伤亡，尤其是美国南北战争的伤亡，因为那些死亡集中发生在突发暴力事件中。但是，在工业城市的贫民窟里，一个接一个死去的儿童并没有定格在我们的历史记忆中。

即便我们设法回想起了19世纪的"致命牛奶"，我们对解除这一诅咒的默认解释也严重扭曲了史实。我们将一个复杂的网络浓缩成了一位英雄科学家，将他的地位抬升得尤为突出，以至于今天市面上销售的绝大多数牛奶外包装上都印有他的名字：路易·巴斯德。牛奶曾经致命，但现在能够安全饮用。这个转变是如何发生的？如果你这么问，人们总是会说，这是巴氏杀菌技术带来的变化。多亏了化学，我们得以把牛奶从"液体毒药"变成了维持生命的主要食物。

这种解释并没有大错，但是不完整。为什么这么说？一个简单的衡量标准是巴斯德的理念用了多长时间才真正对牛奶的安全性产生有意义的影响。1854年，32岁的巴斯德在法国东北角、法国与比利时边境以西的里尔大学找到了一份工作。在与该地区的酿酒师和酿酒厂经理的交流中，巴斯德对为什么某些食物和液体会变质的问题产生了兴趣。他知道牛奶容易变质，所以最初把研究重点放在了牛奶上，不过他最终转向了啤酒和葡萄酒。巴斯德在显微镜下观察了一种变质的甜菜根酒的样本，不仅检测到负责发酵的酵母菌，还检测到一种现在被称为醋酸菌的杆状物——它能将乙醇转化为使醋有酸味的醋酸。这些初步观察结果使巴斯德相信，发酵和腐败过程中的神秘变化不是酶之间的简单化学反应这种自然发生的结果，而是活微生物的副产物。这一见解最终为疾病的微生物理论奠定了基础，但也促使巴斯德在这些微生物造成损害之前就试验了多种杀死它们的技术。1865年，已任巴黎大学教授的巴斯德发明了一种最终以他的名字命名的技术：将葡萄酒加热到54.4摄氏度左右，可以有效防止葡萄酒变质，而且基本不会影响其风味。[3]

今天，所有巴氏杀菌牛奶都是使用巴斯德于1865年确定的基本技术生产的。（多年来，温度已经过微调，略高于巴斯德对葡萄酒杀菌的温度。）然而，在美国，巴氏杀菌技术直到1915年才成为乳制品行业的标准做法，也就是在巴斯德发明这项技术整整50年之后。从发明到实施的滞后很可能已经导致世界各地数百万人丧生。之所以出现这种滞后，是因为进步不仅仅是科学发现的结果，它还需要其他力量——新闻业的长期坚守、付诸行动、政治运作。要想让世界变得更好，不能仅靠科学。我们仍需努力。

人们倾向于将现代社会的进步主要归功于科学或技术的突破，

却在很大程度上忽视了过去两个世纪以来推动公共卫生改善的鼓动者、揭丑者和政治联盟。抗击霍乱的案例就很好地说明了哪些积极变化被忽视了：从技术上讲，约翰·斯诺是一名医生、知名流行病学家。但在宽街水泵的故事里，斯诺也不得不在政治舞台上为自己的理念而战：他向当地教区委员会和伦敦市卫生局请愿，要求他们改变处理霍乱的方法。19世纪战胜水传播疾病既是启蒙科学的胜利，也是社会运动的结果。这就是为什么像亨利·怀特黑德这样的人物尽管没有接受过任何科学或医学训练，却能够扮演如此重要的角色。他在社区中拥有社交资本，最终推动当局改变想法。

剑桥大学历史学家西蒙·斯雷特对托马斯·麦基翁关于死亡率下降的研究进行了精辟的评论，斯雷特认为，在1850年至第一次世界大战爆发期间，他所谓的社会干预非常重要。斯雷特认为，尽管当时还没有发现能有效治疗霍乱等疾病的药物，但这些疾病在那段时间的确有所减少。治愈霍乱的并非神奇药物，而是下水道。作为政府出资的项目，下水道的出现得益于斯诺和巴泽尔杰特这样的活动家及其在大众媒体上的支持者为其摇旗呐喊。

从19世纪70年代的国家总体统计数据中可以看到死亡率的显著下降，这主要是由于推动公共卫生发展的政治运动和意识形态运动最终取得了胜利，而不是其他积极的可识别因素。之所以能实现这一目标，主要是因为薪酬过低、职位又不稳定的地方卫生官员及其同僚——包括其他卫生官员、地区出生和死亡登记员，也许还有小镇媒体，偶尔还有地方议会成员——与"悭吝"的普罗大众之间数次"默默无闻"的"小规模冲突"。这场耗时 100 万分钟的运动，重要而又必要，虽进程缓慢，却在 19 世纪最后 25 年里在全国各地的市政厅和地方辩论论坛上不断上演，而我们以前从未认为其是死亡率下降的原因。[4]

牛奶安全战为我们提供了一个更令人信服的例证，说明斯雷特所谓的社会干预发挥了作用。这场战斗首发于 19 世纪 40 年代初，干货商罗伯特·米勒姆·哈特利出版了一本书。当时，泔水奶牛场正在纽约全城迅速涌现。作为纽约禁酒运动的发起人之一，哈特利倾向于查明城市中酿酒厂带来的有害影响，而作为基督教长老会成员，他的传教工作令其亲身体验了纽约五点区贫民窟令人震惊的生活条件。哈特利通过传教士工作获得的逸事证据表明，儿童死亡人数出现了令人不安的激增，该市的死亡率报告也证实了这一点。哈特利开始对乳制品生产商进行私人调查，最终出版了一本 350 页、书名冗长的书：《关于牛奶的历史、科学和实践的论述：作为人类赖以生存的食品；考虑到目前为满足大城市供应而采用的非自然生产方法所产生的影响》。这本书结合了威廉·法尔年度报告的数据分析模式，包括对美国和欧洲城市儿童死亡率的比较研究，同时生动记录了泔水奶牛场的丑闻。

在这些快速出现的大都市奶牛场中，或者更确切地说，在数量众多的泔水奶牛场中，最臭名昭著的一家与约翰逊的谷物酿酒厂有关，这些酿酒厂位于纽约市西郊，在靠近终点站的第十五大道和第十六大道之间。酿酒厂占地面积包括从第九大道下方延伸至哈得孙河的两个广场的大部分区域，距离约为1 000英尺①。据说，冬季大约有2 000头牛饲养于此，但这一数字在夏天会大幅下降。当然，奶牛的食物是酿酒的泔水，这些泔水被抽进大约10英尺或15英尺高的大水箱，再用密闭的方形木制排水沟输送，然后分配至不同牛栏的三角形食槽中，食槽由两块木板简易拼接而成。[5]

在最终的统计中，哈特利得出结论："在纽约市及附近地区，大约有一万头奶牛被惨无人道地喂以谷物的残渣或泔水，这些废物在酿酒厂中经历了化学变化后被排出，散发着刺鼻的气味。"

这本关于牛奶的书是对整个乳制品行业的谴责，但出于某种原因，它未能动摇公众舆论，也没能激发政府干预。部分原因是政府缺乏合适的监管机构来应对牛奶危机，其中大部分监管机构直到20世纪才得以设立（见第五章）。但哈特利的失败，部分原因似乎是他在禁酒运动中的突出地位。纽约数十年来都沉溺于饮酒作乐的生活，没有耐心聆听一位滴酒不沾的传教士对西村区的酿酒厂的谴责。

最终，在哈特利的书问世15年后，弗兰克·莱斯利公开发表了对泔水牛奶这种"液体毒药"的不信任，这一史诗般的行为

---

① 1英尺约为30.48厘米。——编者注

终于引发了有意义的改革。这两部作品的基调在许多地方都很相似：正义的愤怒夹杂着对乳制品行业暴行的描述。莱斯利在谈到这些泔水牛奶生产商时写道："尽管他们的非法交易实实在在地事关人命，但政府似乎无能为力或不愿干预……这些'地狱肉汤'制造者应该被允许继续存在吗？我们应该被迫接受这样的事实吗？有一类人生产的毒药在每个家庭都造成了亲人的离去，而他们正是由于人们的丧亲之痛而变得富有。"[6] 莱斯利的斗争不仅仅局限于文字。他最初是一名插画家，在他的调查报告中配有多幅令人震惊的图片，呈现了泔水奶牛场的肮脏。（还有一些是由传奇插画家托马斯·纳斯特绘制的。）其中一幅插画显示，一头患病的奶牛已经无法站立，被皮带悬挂在空中，它低垂着头，好像已经没有了意识。尽管奶牛的身体状况如此糟糕，但一名挤奶工仍然坐在凳子上，尽职尽责地从奶牛溃烂的乳房中挤奶。

  莱斯利的第一个重大突破是为 P. T. 巴纳姆设计促销活动，作为一名揭丑的记者，他有巴纳姆式的宣传天赋。他在竞争对手的报纸上刊登广告，用煽动性的标题宣传他的特别报道，像是11点的今日世界新闻中插播的广告：你知道你喝的是什么牛奶吗？没过多久，莱斯利的调查报告就有了自己的故事。《纽约时报》报道了他所做的努力：

  当弗兰克·莱斯利发现他家门口留下了恶心的牛奶脓液时，他的报纸插图便开始令人作呕。他必然知道这个可怕故事最糟糕的部分，他分析了样本，并派记者和画家团队前往"制毒总

图 4-1 柯里尔与艾夫斯印刷公司反泔水牛奶的漫画，1872 年

部"……他绘制的图惟妙惟肖，画面令人震惊，以至于一看到"牛奶"这个词，或者凡是含有牛奶的食物，都让人反胃。全城都感到恶心。[7]

《纽约时报》对调查起源的描述更多的是虚构而非现实。最初促使莱斯利进行揭露报道的并非放在他家门口的一瓶变质牛奶，而是一年前布鲁克林市政委员会委托其撰写的一份报告，该报告记录了泔水奶牛场猖獗的虐待动物行为。但无论起源如何，都是莱斯利在宣传方面的天赋以及案例中骇人听闻的事实推动了有意义的变革的发生。在莱斯利新闻报道的压力下，市政委员会对奶牛场展开了调查，随后很快发布了一项裁决，只提出了一些温和的改变，这无疑是因为委员会成员都被乳制品行业暗中收买了。三天后，莱斯利用一幅托马斯·纳什的讽刺插画进行了反击。这幅插画描绘了坦慕尼协会①的一名政客从一名牛奶大亨那里收受贿赂，而他的同事们则在粉饰濒临死亡的牛，想让它们看起来更健康。民众的愤怒使市政委员会无法坐视不管。至1862年，立法的通过标志着泔水牛奶时代的结束。大部分城市奶牛场被关停，保留下来的奶牛场也终止了与酿酒厂唯利是图的合作关系。纽约的牛奶终于去除了诡异的蓝色。

尽管如此，饮用牛奶依旧存在很多健康风险。越来越多的牛奶从纽约北部的农场运出，变质仍然是一个严重的问题，尤其在夏季。而且相当大一部分奶牛，即使是美国国内正规奶牛场的，也患上了牛结核病。这些奶牛产出的未经加工的牛奶可能会将牛型结核分枝杆菌传播给人类。其他可能致命的疾病也与牛奶有关，包括白喉、伤寒和猩红热。弗兰克·莱斯利掀起的运动表明，可以动员公众舆论来改革奶业。但泔水牛奶只是问题的一部分。

到19世纪80年代，微生物致病理论的出现清楚地表明，19世纪最为致命的杀手大多数是微生物。该理论的种子早在巴斯德对牛奶和葡萄酒的变质进行早期研究时就已播下。幸而透镜制造

---

① 坦慕尼协会，美国历史上操纵纽约市政的民主党执行委员会的俗称，因其总部所在地坦慕尼厅而得名。19世纪中叶，纽约市政完全由该协会操纵，贪污腐败盛行一时，以致此名成为美国城市政治腐败的同义词。——译者注

取得了进步，更为强大的显微镜得以出现，微生物的生命形式才为人们所知。1882年，巴斯德的"劲敌"罗伯特·科赫发现了结核分枝杆菌，推翻了该病是遗传这一长期存在的观点；两年后，他发现了几十年前约翰·斯诺未能用显微镜发现的霍乱弧菌。科学已经明确了一个事实：人们因饮用牛奶而死亡，是由于牛奶中含有引发疾病的"隐形"生物。但这一共识留下了一个更深层次的问题：如何让这些生物不再出现在牛奶中？

要解决这一问题，一个关键点在于技术创新。19世纪上半叶，坚忍不拔的波士顿企业家弗雷德里克·都铎创建了一家大型企业，在世界范围内销售冰块，消费者将这些冰块直接用于饮料和冰激凌，食品工业也将其用于冷藏运输，最知名的用途是将来自大平原的肉类运至美国东北部快速扩张的城市。都铎生产冰的方式并没有什么技术含量，他就是让团队从新英格兰地区结冰的湖上凿下冰块。但他赚取的巨额财富向全世界的发明家传递了一个信号——把东西变冷可以赚钱。至美国南北战争结束时，人们已经开发出了许多机械制冷的功能设计，到19世纪末，奶瓶已可以在控温环境下储存和运输，大大降低了变质的风险。事实表明，制冷是一项看似与医学没有直接关系的基础技术，但它的确在多个方面提升了公共健康和人类寿命。它延长了易腐食品的保质期，对20世纪的食品供应产生了巨大影响，把牛奶从"液体毒药"变成了可靠的营养来源。而制冷对疫苗也产生了关键影响，如果不在略高于冰点的狭窄温度范围内保存，很多疫苗就会失效。"冷链"供应网络的出现使人们能在许多气候炎热的地方进行大规模疫苗接种，在这些地区，天花等疾病在20世纪的大部分时间里仍然是地方流行病。

但制冷只解决了部分问题。一盒被牛型结核分枝杆菌污染的牛奶尽管全程被置于冷藏环境，但仍有可能致命。对一些乳业改革者来说，有一个显而易见的解决方案，那就是沿用治理泔水奶牛场的策略：从源头上解决问题。人们开发了相关检测，以确定奶牛是否患有牛结核病等疾病；新型显微镜使科学家能够分析牛奶的成分，从而发现其中的微生物含量。有了这些新工具，乳制品品质检查员可能会探访乳制品生产商，确认奶牛是否患病，养牛的条件是否卫生。通过这些检查的奶牛场产出的牛奶将得到"认证"，这使消费者相信，他们购买的牛奶可以安全饮用。

但认证方法本身也存在一系列问题。患上牛结核病的奶牛不得不被宰杀，据粗略估计，美国多达一半的奶牛患有这种疾病。来自城市的检查员来到农场，进行神神秘秘的结核病检测，最后宣布宰杀那些看起来非常健康的奶牛，这让农村乳制品生产商非常厌恶。这种情绪倒是可以理解。代表农业区利益的政客对这种侵犯行为进行了反击。在1906年FDA成立之前，没有一个联邦机构能执行这样的规定。

然而，多亏了路易·巴斯德，倡导牛奶安全的人可用的工具并非只有结核菌素试验和乳制品检验。冷藏可以防止牛奶变质，而快速的高温加热可以杀死牛奶中的致病性微生物，甚至是那些引发人类患结核病的细菌。但还是那句话，科学本身并不足以带来有意义的改变。人们普遍认为巴氏杀菌牛奶的味道不如普通牛

第四章 牛奶安全：巴氏杀菌和加氯处理

奶，也认为杀菌的同时去除了牛奶中的营养成分，这一观点在21世纪重新受到"天然牛奶"拥趸的追捧。乳制品生产商抵制巴氏杀菌技术，不仅是因为它增加了生产成本，还因为他们有充分的理由相信消费者不会购买巴氏杀菌牛奶。

在普及挽救生命的创新方面，科学家或医生通常不会发挥主导作用，这一情形在现代人类预期寿命历史上时有发生。巴氏杀菌技术最初由化学家构想出来。但在美国，则是多亏了百货商店经理这个看似不可能的角色，才使得这一技术产生了影响。

内森·施特劳斯于1848年出生于巴伐利亚，8岁时随家人移居美国南部，他的父亲在那里开办了一家杂货店，利润丰厚。但事后表明，他们移民的时机可以说是灾难性的。美国南北战争将他们推到了赤贫的边缘，于是，就在内森成年之际，施特劳斯家族举家迁往纽约，在曼哈顿找到了落脚之地。内森职业生涯之初是在父亲的陶瓷和玻璃器皿公司工作，他和兄弟将自家制造的平底锅和盘子卖给新开的百货商店——在19世纪70年代的商业和时尚界，这些商店如雨后春笋般涌现。1873年年初，他们在梅西百货第十四大道旗舰店的地下室租了一个地方，来展示他们的瓷器、玻璃制品和陶器。这里很快就成为梅西百货最受欢迎的摊位之一。10多年后，施特劳斯兄弟收购了梅西百货，以及著名的布鲁克林干货店——亚伯拉罕＆施特劳斯百货商店。

也许是因为自己的家人曾由于突然陷入贫困而挣扎在死亡的边缘，内森·施特劳斯投入了大量的时间和资源，试图改善纽约无家可归者和贫困劳动者的生活条件。他开设了能容纳5万余人的收容所，并在1892—1893年的严冬和经济低迷期间分发煤炭。在亚伯拉罕 & 施特劳斯百货商店里，他修建了一家自助餐厅，为员工提供免费膳食计划，这是有史以来最早的此类计划之一。施特劳斯长期以来为纽约的儿童死亡率忧心，他自己已有两个孩子死于疾病。与另一位德国移民、政治激进分子、医生亚伯拉罕·雅各比的交流让他了解到了巴氏杀菌技术。就在巴斯德发明这种技术近25年后，该项技术终于被应用到了牛奶生产中。杀菌过程的某些方面引起了施特劳斯的共鸣——考虑到城市贫困的复杂性，巴氏杀菌技术提供了一种相对简单的干预措施，可以极大改善儿童的生存状况。

施特劳斯认识到，改变大众对巴氏杀菌牛奶的态度是关键。1892年，他成立了一家牛奶实验室，用以规模化生产杀菌牛奶。次年，他开始在城市周边的低收入社区开设他所谓的牛奶仓库，以低于成本的价格向纽约的贫困居民出售牛奶。第一家仓库位于纽约下东区外缘的一个码头上。有记录显示，施特劳斯在第一年分发了3.44万瓶牛奶。到1894年夏天，施特劳斯已经在全市开设了4个仓库。[8]《纽约时报》以《为穷人提供的纯牛奶》为标题，刊登了一篇关于这些新建仓库的报道。报道中引用了施特劳斯的话："去年夏天牛奶仓库取得了成功，所以我扩建了相关设施。但唯一的问题是，穷人还没有完全了解杀菌牛奶在补救和预防儿童疾病方面的价值。我已经把杀菌牛奶的价格降到了低于成本价的每夸脱5美分。我有可能进一步降价。"[9]

第四章　牛奶安全：巴氏杀菌和加氯处理

1897年，施特劳斯被任命为纽约市卫生专员，他在东河兰德尔岛上的一家孤儿院了解到了触目惊心的死亡率。在过去的三年里，孤儿院的3 900名儿童中有1 509人死亡，这一死亡率甚至高于纽约周边低收入群体的惨痛死亡率。施特劳斯怀疑岛上为孤儿提供新鲜牛奶的奶牛群是罪魁祸首。他意识到，孤儿院在地理上与外界的隔绝使之可以完成一个自然实验，以此证明巴氏杀菌牛奶的有效性，这一实验与约翰·斯诺在1854年霍乱暴发期间进行的自然实验没有什么不同。施特劳斯资助了兰德尔岛上的一家为孤儿提供杀菌牛奶的巴氏杀菌乳制品厂。在这些孤儿的饮食和生活条件的其他方面没有任何改变的情况下，其死亡率立刻下降了14%。[10]

这些早期干预措施取得了良好效果，受此鼓舞，施特劳斯发起了一项长期运动，宣布未经巴氏杀菌的牛奶为非法产品，这遭到了乳制品行业及其在全美各地的州议会代表的强烈反对。巴氏杀菌变成了一场政治斗争。1907年，在一次集会上，施特劳斯引用一位英国医生的话，对一众抗议者说："如果不顾后果，一味推行未经巴氏杀菌的生牛奶，那就等于是在实施全国性犯罪。"[11]施特劳斯的主张引起了西奥多·罗斯福总统的关注，他下令对巴氏杀菌技术对健康的益处进行调查。20位政府专家得出了明确的结论："巴氏杀菌技术可以预防许多疾病，挽救许多生命。"1909年，芝加哥成为美国第一个要求实行巴氏杀菌的大城市。该市卫生专员特别引用了"慈善家内森·施特劳斯"支持杀菌牛奶的例子。1914年，纽约紧随其后。到20世纪20年代初，也就是内森·施特劳斯在下东区开设第一家牛奶仓库的 30 年之后，几乎所有美国大城市都取缔了未经巴氏杀菌的牛奶。[12]

我们很难准确衡量巴氏杀菌对预期寿命的影响，因为死亡率数据被同一时期的另一项关键突破混淆了，那项突破也使用了化学物质来减少日常使用的液体带来的威胁。从 20 世纪头 10 年开始，世界各地的城市居民开始在饮用水中投放微量的氯。在剂量足够大的情况下，氯是一种毒药，但极小的剂量对人体无害，却能杀灭引起霍乱等疾病的微生物。透镜和显微镜制造的进步曾使人们可以对牛奶中的微生物进行计数，现在科学家又得以观察和测量饮用水中微生物的数量。如此一来，在 19 世纪末，人们就可以测试不同化学物质在杀死病原体方面的功效，最后发现，在所有受测化学物质中，氯更胜一筹。在进行了一系列这样的实验后，一位富有开拓精神的医生约翰·利尔秘密地将这种化学物质添加到了美国泽西城的公共水库中——这一大胆举动差点儿让利尔身陷囹圄。对不从事科学工作的人来说，将一种有毒化学物质投进一座 5 万人口城市的饮用水中，这种举动当然很疯狂。但从长远来看，利尔的大胆举动最终挽救了众多生命。[13]

从 1900 年到 1930 年，美国的婴儿死亡率下降了 62%，这是这一关键指标历史上最显著的下降之一。在 19 世纪的大部分时间里，每 100 个纽约新生儿中只有 60 个能活到成年，而今 99 个都可以。死亡率的差异仍然存在——在布鲁克林乘坐地铁 2 号线，往前走几站你就会发现，那些地方的婴儿死亡率是起始站点所在地的两倍。但即便是那些低收入群体，与 1900 年以前所有已知的人类群体相比，在婴儿存活方面也取得了惊人的成绩。这一变化非常显著，相关数据因此需要加一个小数点。据南希·豪厄尔估计，孔族人的婴儿死亡率约为 20%。在弗兰克·莱斯利和内森·施特劳斯开展宣传运动之前，《纽约黑帮》中曼哈顿的新生儿也经历了类似的死亡率水平。如今，在纽约情况最差的社区中，婴儿死亡率都仅为 0.6%，而全市的平均水平是 0.4%。[14]

这在多大程度上归功于巴氏杀菌和加氯处理这两大化学上的伟大成就？21 世纪初，哈佛大学教授大卫·卡特勒和格朗特·米勒偶然发现了一种分析氯对死亡率影响的巧妙方法。由于过滤技术是分批引入不同城市的，一些城市先于其他城市采用这项技术，对研究人员来说，对比这些城市引入加氯处理前后的死亡率变化情况就成了一项自然实验。通过对不同城市的比较分析，卡特勒和米勒确定，像加氯处理这样的过滤技术对死亡率的显著改善起到了 2/3 以上的作用。[15] 他们的研究在公共卫生领域堪称经典，近年来有人试图复制他们得出的数据，结果表明加氯处理对总体死亡率的影响并没有那么显著，其中一大原因是巴氏杀菌也发挥了重要作用。

无论如何分析这些数据，有一点都很明确，由于使用了政府监管下的化学物质，也多亏了为之振臂高呼的先锋，数百万新生儿得以长大成人。如果你让人们列出 20 世纪初的伟大创新，他们总是会说飞机、汽车、收音机、电视，而不会提及巴氏杀菌牛奶或含氯饮用水。但这两大干预措施避免了许多难以想象的痛苦：父母不再面对孩子的死亡，婴儿得以顺利长大并有了自己的孩子。

是什么推动了这种巨大的进步？不可否认，人们通常会认为是科赫和巴斯德这样的杰出科学家，是他们在显微镜技术创新的支持下取得了相应的成果。但鼓吹者的作用同样必不可少。泔水牛奶丑闻和巴氏杀菌牛奶之争既是启蒙科学的胜利，也是重大的新闻事件。为了能够安全饮用牛奶，我们既需要化学家用科学方法发明杀灭病菌的技术，也需要一些敢于发声的人。

1908年，就在人们围绕第一项禁止销售未经杀菌牛奶的法令展开激烈争论之时，内森·施特劳斯回到了阔别50多年的母国，应邀在海德堡大学发表演讲。在演讲中，他解释了为什么会对巴氏杀菌事业投入如此大的精力，并简要提及了失去一个孩子对父母造成的巨大创伤（对施特劳斯本人而言是失去了两个孩子）。"关于最初促使我从事这项工作的个人原因，我无须赘述，"他对众人说道，"可以说，是我自己的悲痛经历让我下定决心拯救别人孩子的生命。"后来，他转而讲述了自己在推行杀菌牛奶时采用的方法："一直以来，我只考虑如何以实事求是的方法又快又好地启迪民众。为了实现这一目标，我寻求了媒体的帮助。正是因为与媒体的良好合作，我的工作及成果才为公众所知。只有通过宣传，人们才能认识到巴氏杀菌牛奶的优势。"[16]

大约还要再过半个世纪，西方婴儿死亡率的下降才会影响到发展中国家。但当开始加入这一行列时，发展中国家很快就追了上来。自 1970 年至今，印度的婴儿死亡率从 14% 下降到了 3%。巴氏杀菌和加氯处理等技术在推动死亡率下降的过程中发挥了作用，但它们带来的成效可能被另一项突破掩盖了，该突破极大降低了水传播疾病的风险，尤其是霍乱。巧合的是，这一突破同样有赖于经化学方式处理液体与创意公关二者的结合。

霍乱通过由严重腹泻引起的急性脱水和电解质失衡来杀死不幸摄入霍乱弧菌的人。在极端情况下，霍乱患者在几个小时之内排出的液体就占到总体重的 30%。早在 19 世纪 30 年代，医生们就发现，静脉输液可以延长患者的存活时间，让他们可以活到病情好转；到 20 世纪 20 年代，静脉输液成了医院治疗霍乱患者的标准医疗手段。但到那时，霍乱基本上只出现在发展中国家，而那里的医院或诊所鲜有训练有素的医务人员。在孟加拉地区或者拉各斯暴发霍乱期间，数十万人受到影响，为如此多的患者提供静脉输液这种医疗手段并不可行。在 20 世纪的前 60 年里，数百万人死于霍乱，其中大多数是儿童，他们蜗居在日益扩张的城市中，既没有现代化的卫生系统，也没有静脉输液的设备可用。

这一惨痛损失是一场全球悲剧，但其实有一种相对简单的治疗严重脱水的方法，可以由非医务人员在医院以外的环境下实施，这使得这一悲剧显得更为惨烈。现在，我们将这种方法称为口服补液疗法，或者 ORT，其简单得叫人抓狂：大量饮用加入糖和盐的水。（在美国，这种疗法常与"倍得力"这一电解质水品牌联系在一起。）早在 1953 年，一位名叫赫门德拉·纳特·查特吉的印度医生在加尔各答疫情暴发期间治疗病人时，就临时设计了口服补液疗法的一个版本，不需要复杂和昂贵的静脉输液装置，只需要确保饮用水经过消毒——在饮用之前烧开就可以了。查特吉的疗法效果非常好，186名用这种疗法的患者全部得以存活。他在《柳叶刀》上发表了自己的成果。[17]在接下来的10年里，像查特吉这样的菲律宾和伊拉克医生也相继研发了类似的方法，在缺乏现代医院高科技设备的情况下应对当地的霍乱疫情。然而，这些版本的口服补液疗法被医疗机构忽视，正如一个世纪以前的瘴气理论家忽视约翰·斯诺的"异端"水传播理论一样。

1971年，孟加拉国独立战争导致大批难民涌入印度，本冈和加尔各答等城市的难民激增。战争结束后，孟加拉国得到正式承认，本冈和加尔各答就位于孟加拉国和印度两国的边境。不久，本冈郊外拥挤的难民营中就暴发了严重的霍乱。毕业于约翰斯·霍普金斯大学的内科医生、霍乱研究人员迪利普·马哈拉纳比斯暂停了他在加尔各答医院实验室的研究项目，立即前往疫情一线。马哈拉纳比斯后来回忆起这场危机波及的范围之大："政府没有准备好应对如此之多的人口感染。霍乱造成了大量死亡，有很多可怕的故事。我到那儿的时候着实吓了一跳。"[18]他在本冈的一家医院看到了最为震惊的场面：两间病房里挤满了霍乱患者，他们正饱受病痛折磨，相互依靠着躺在地上，而地上满是水样的排泄物和呕吐物。

马哈拉纳比斯很快意识到，现有的静脉输液方案起不了作用。在他的团队中，只有两名成员接受过相关培训。他后来解释道："为了给这些病患输点儿生理盐水，你必须跪在他们的排泄物和

第四章 牛奶安全：巴氏杀菌和加氯处理

呕吐物中。在到达那里 48 小时之内，我就意识到我们正在输掉这场战斗。"[19]

因此，马哈拉纳比斯决定改变现状。他和他的团队摒弃了标准治疗手法，转向了一种简易版本的口服补液疗法。他直接给他接触过的病患使用了该疗法，比如那些躺在本冈医院里的患者。在马哈拉纳比斯的监督下，难民营中的 3 000 多名患者接受了口服补液疗法的治疗。事实证明，这一疗法取得了惊人的成功——死亡率产生了数量级变化，从 30% 下降到 3%——这完全是通过一种简单得多的疗法实现的。

受此启发，马哈拉纳比斯和同事们开始"授人以渔"，现场演示了这项简单的疗法——对非医务人员来说都非常简单。马哈拉纳比斯后来回忆说："我们准备了介绍如何混合盐和葡萄糖的小册子，沿着边境分发。孟加拉国的一家秘密电台也播报了这一消息。"[20] 将水烧开，加入盐和葡萄糖，再让孩子、亲戚和邻居喝下，这就是唯一需要的技能。为何不能让非专业人士来做呢？

1980 年，也就是孟加拉国独立战争结束近 10 年后，孟加拉国一家名为 BRAC 的非营利组织实施了一个很好的项目，在这个年轻国家的小村庄中传授口服补液疗法。一支由 14 名妇女组成的团队在一名厨师和一名男性监督员的陪同下，从一个村庄到另一个村庄，演示如何只使用水、糖和盐来调制补液。该试点项目产生了令人鼓舞的效果，因此，孟加拉国政府在全国范围内进行了推广，并为此雇用了数千名工作人员。医生兼作家阿图·葛文德在谈到该项目时写道："劝导村民亲手制作补液，并用他们熟悉的话语进行解释，培训者从旁观察和指导，这项工作所取得的成就远超任何公益广告或教学视频的效果。随着时间的推移，可以通过电视和广播继续推广这一方法，而需求量的增长使得制造口服补液盐包的市场方兴未艾。"[21] 死于霍乱和其他肠道疾病的人数大幅下降。一项调查显示，在孟加拉国，90%的严重腹泻患儿正在接受口服补液疗法的治疗。

孟加拉国取得的胜利相继出现在世界各地。口服补液疗法现在是联合国儿童基金会确保全球南方儿童生存计划的关键要素，它也被列入世界卫生组织基本药物标准清单。《柳叶刀》将之称为"20世纪最重要的医学进步"。据说，在19世纪，多达5 000万人死于霍乱。到21世纪头10年，因霍乱死亡的人数不到5万。当时，全球人口已是19世纪的10倍以上。这一重大飞跃在一定程度上要归功于19世纪的数据"侦探"、修建下水道的工程师，以及约翰·利尔的加氯处理饮用水。但口服补液疗法也发挥了关键作用，特别是在这一时期的最后阶段。

为什么口服补液疗法花了这么长时间才进入主流医学？这种疗法花了这么长时间才得以普及，在一定程度上是由于一种根深蒂固的偏见——重大发现不应来自印度或伊拉克等国家的医生。医学史家乔书亚·纳利博·鲁辛在一份关于口服补液疗法历史的权威研究中写道："20世纪50年代，西方医生将静脉输液疗法奉为典范，认为其优于其他一切疗法。因此，读过查特吉研究成果的研究人员可能会觉得他提出的概念很有趣，但西方医学对霍乱的治疗方案比其他任何简单（也因此低级）的疗法都更为优越。

静脉输液疗法看起来更科学，有了医疗设备辅助，医生可以精准地控制患者的摄入量。口服补液疗法看起来太过原始，也不太受控。"[22]

口服补液疗法之所以普及得如此之晚，还有一个原因是直到20世纪60年代中期，人们才科学地认识了与之相关的现象。当时，世界各地的实验室研究人员终于查明了霍乱弧菌导致大量体液流失的具体机制。他们还发现，葡萄糖可以促进小肠对液体的吸收。口服补液疗法背后的机制在得到了科学研究的认可后，推行起来也就更容易了，但其实它的好处早在几十年前就已显现。

巴氏杀菌和口服补液疗法之间存在一些有趣的相似之处：这两大突破的转折点都发生于医疗危机之中，兰德尔岛孤儿院和孟加拉国难民营中都有不少儿童死去；二者都有赖于富有创造性的推广方式，即施特劳斯的牛奶仓库和马哈拉纳比斯的小册子；它们都经过了漫长的时间才被广泛采用；它们都有可能在上一代人甚至更早的时候便成为主流做法；我们应当庆祝二者的成就，并惊叹于它们拯救了无数生命，尤其是幼童的生命。但我们也该问两个尖锐的问题：为什么要用这么长的时间？我们今天是否还存在类似的盲点？

第五章
超越安慰剂效应

药品监管及检验

为什么有些创新需要更长的时间才能实现？出于可理解的原因，社会和知识的进步通常被形容成一架层级分明的梯子，每一个变革性的理念都为下一个理念的出现奠定了基础。一个理念跳过下一步甚至两步的罕见情形，如19世纪30年代查尔斯·巴贝奇发明了可编程计算机，属于线性发展规律的例外。我们有一个说法来形容这类理念——它们"超前于时代"。但我们没有花足够的时间去研究那些"滞后者"，也就是类似化石记录中出现的奇怪断层。不知何故，某些在历史的某一时刻完全有可能出现的好理念并未如约而至。不知何故，那些理念"落后于时代"了。我们无须好奇为何19世纪末没有发明出基因测序，因为当时根本连想象这样的进步的工具和理念都不存在。但我们应当思考，为什么像口服补液疗法这样的事物没有早50年成为主流医学实践——那个年代的科学知识完全能够理解这一理念，但出于某种原因，它并没有出现。

科技史上有许多这样令人费解的"滞后者"。例如，打字机直到19世纪60年代才被发明，也就是谷登堡发明印刷机400年后。同样，直到19世纪60年代，也就是发明汽车的几十年前，自行车才开始在市面上售卖。许多先进的文明未能发明轮子，尽管它既简单又实用。这些理念原本都可以更早地成为现实的技术。不管从观念层面还是机制层面，进步的梯子上并没有明显阻碍我们迈出这一步的障碍。然而，出于某些原因，我们花了好几个世纪才实现。

宏观层面上也有同样的"滞后者"，出于某些原因，原本可以更早取得的更广泛的进步花了很长的时间才真正实现。托马斯·麦基翁的研究揭示，其中一个"滞后者"便是医学这门学科。

如果你是一名 1900 年的药剂师，希望囤积治疗如痛风或消化不良等各种疾病的药物，你可能会查阅美国最成功、最广受好评的制药公司之一帕克-戴维斯公司提供的大量目录。在目录中，你会看到像"达米阿那"这样的产品，它将一种致幻灌木与士的宁（又名番木鳖碱）相结合，制作出一种旨在"恢复性生活"的药物。还有一种万能药名为"达菲尔德"（Duffield），它是一种含有颠茄碱、砷和汞等成分的浓缩药液。可卡因以注射药物、粉末和香烟等形式出售。药品目录骄傲地宣称，这种药物将"取代食物，能让胆小之人变得勇敢，缄默之人变得雄辩……患病之人不再感到疼痛"。医学史家威廉·罗森写道："在帕克-戴维斯公司的药品目录中，每一页的药物都没什么疗效，却都像炸药一样危险。"[1]

这就是 20 世纪初医学的可悲状况。人类已经"驯服"了电，电灯照亮了曼哈顿的条条街道，飞行的神秘面纱即将被揭开，无线电信号在通过以太传输。但在药物方面，世界上最重要的制药公司之一仍在销售含有汞和砷的假药。

与下水道和水过滤系统等公共健康干预措施相对应的个人健康干预措施很可能直到 1950 年才对人类预期寿命产生重大影响。疫苗在 19 世纪挽救了许多人的生命不假，但在"疯王"乔治汞中毒事件之后，医学领域的其他方面几乎完全没有取得任何进展。把所有延长的寿命与缩短的寿命加在一起，医学界才勉强实现"收支平衡"。历史学家约翰·巴里指出："1889 年版的《默克诊疗手册》推荐了 100 种治疗支气管炎的方法，每种疗法都有狂热的信徒，但该手册的现任编辑承认，'这些疗法都没有奏效'。此外，该手册建议，香槟、士的宁和硝酸甘油可用于晕船。"美国作家奥利弗·温德尔·霍姆斯曾打趣道："我坚信，如果现在使用的所有药物都能沉入海底，那对人类来说就是一桩幸事，但鱼儿就遭殃了。"[2] 霍姆斯在 1860 年写下了这句话，但它同样适用于 20 世纪初的医学状况。

当然，如今我们认为医学是现代进步的重要支柱之一，堪与智能手机和电动汽车并驾齐驱。抗生素治好了我们曾祖那一代的许多致命疾病，神奇的新免疫疗法正在治愈癌症，抗反转录病毒药物现在可以有效阻止艾滋病的传播。但这些神奇药物实际上都是非常新的发明。第二次世界大战爆发前夕，市面上绝大多数药物不是有害就是无效。在 20 世纪上半叶，与其他处在进步中的领域相比，医学的处境相当可悲，到底是什么阻碍了医学的发展？

有几个重要因素可以解释医学的迟滞发展。最关键的因素之一是，没有禁止销售垃圾药物的相关法律。事实上，在 20 世纪的头几十年里，整个制药业几乎完全不受监管。从技术层面上讲，有一家成立于 1901 年、负责监督该行业的机构，名为化学局，它正是 FDA 的前身，但它几乎无法保障消费者获得有效的医疗救治。它唯一的职责是确保药品中确实含有标签上列出的化学成分。如果你想在你所售的"神奇药物"中加入汞或可卡因，只要在标签上注明，化学局就不会有异议。

直到发生了一场全国性悲剧，这一荒谬的局面才得以改变。20世纪30年代初，德国拜耳制药公司开发了一种新型药物，名为"磺胺"，或称"磺胺类药"，这是现代抗生素的前身，但药效稍差。几年内，市场上便充斥着这种药物的仿制药。不过，磺胺既不溶于酒精也不溶于水，因此当时所有的磺胺类药都是药丸的形式，儿童吞咽起来特别困难。27岁的田纳西州人塞缪尔·埃文斯·麦森吉尔察觉到了市场机会，他从医学院辍学，创办了自己的制药公司，旨在生产一种更易服用的磺胺类药。1937年，新成立的麦森吉尔公司首席化学家哈罗德·沃特金斯萌生了一个想法，用二乙二醇溶解这种药物，并加入覆盆子调味料，使这种混合制剂更适合儿童。该公司迅速将这种"万灵丹磺胺"推向市场，向美国各地的药店运送了共计240加仑[1]，并宣称它是一种对儿童友好的治疗链球菌性咽喉炎的药物。[3]

虽然磺胺确实有一定的抗菌效果，覆盆子调味料也不过是添加了一匙糖，但二乙二醇对人体是有毒的。几周之内，俄克拉何马州塔尔萨市就报告了6例与万灵丹有关的死亡病例，每例均死于肾衰竭。这些死亡事件在全美范围内引发了疯狂的搜索，FDA官员在仔细研究了药房购买记录后提醒医生，并警告任何购买了这种药物的人立即对其进行销毁。但FDA并没有足够的药理学专业人员来判断到底是什么使这种药物如此致命。因此，他们

---

[1] 美制1加仑约为3.785升。——译者注

将这项"侦探"工作外包给了芝加哥大学一位南非裔化学家尤金·盖林。几周之内,盖林让他的整个研究生团队在实验室里用包括狗、老鼠和兔子在内的一小群动物检验了万灵丹的所有成分。盖林很快确定,防冻剂的"近亲"二乙二醇是罪魁祸首。

这种田野调查和实验室分析的结合令人振奋。但这对美国各地的许多家庭来说为时已晚。等到 FDA 找回最后一瓶万灵丹时,已有 71 名成人和 34 名儿童因服用该药物身亡。更多的人由于严重的肾脏问题入院治疗,险些死亡。

令人惊讶的是,当时的美国政府仍然没有设立直接负责全民健康的高级别官方机构。(直到 1953 年,美国才成立卫生教育福利部。)因此,这次药物致死危机的管理就落在了当时的农业部长亨利·华莱士的头上。华莱士被要求向国会解释这种致命的万灵丹如何进入消费者手中,他解释了 FDA 是如何监管的。华莱士部长后来向国会报告:"在万灵丹投入市场之前,只有口味经过了测试,而它对人类生命的影响却没有测试过。现行的食品和药品法案并没有要求新药在上市前进行测试。"[4] FDA 调查员已经证实,万灵丹磺胺尝起来确实如广告中所说的是覆盆子口味,他们只是没有费心去调查这种药物是否引发了肾衰竭。

像万灵丹磺胺事件这样的悲剧必然导致人们要找出"坏人"和"替罪羊",这些恶人应当为无辜儿童之死负责。毫无疑问,这场悲剧的部分责任在于哈罗德·沃特金斯和麦森吉尔公司。尽管麦森吉尔公开否认沃特金斯有罪,但最终还是因为向不知情的消费者出售毒药而被罚款2.46万美元。"我们一直在提供合法的专业服务，从未预见过这种意料不到的结果，"他称，"我不认为我们负有任何责任。"[5] 哈罗德·沃特金斯，也就是那位化学家，却无法轻易推卸他对这场悲剧的责任，他在FDA完成调查之前自杀了。

但我们不能将万灵丹磺胺事件简单地归因于几个恶毒之人的行为。这105人的死亡也是市场和监管失职的结果。问题不仅仅在于一个无良的化学家和一个草率的企业家，还涉及整个药品生产和销售的体系。由于FDA的监管范围有限，制药公司便没有法律层面的动机去生产真正有效的万灵丹。只要其成分列表是正确的，制药公司就可以随心所欲地销售任何所谓的神药，即便其中的一种有毒成分导致了105人死亡，制药公司也只是被罚了一点儿钱而已。

有人可能认为，市场本身会为制药公司提供足够的激励，促使其生产有效药物。真正能够治病的万灵丹会比建立在伪科学基础之上的假万灵丹卖得更好。但医药背后的市场机制因两个因素变得复杂，而这两个因素并不适用于大多数其他消费品。首先是安慰剂效应。一般情况下，当人们得知自己被开具了一种有效的药物时，他们确实希望看到健康状况得以改善，即便他们正在服用的药物实际上只是糖丸。安慰剂的实际作用机制尚不完全明确，但其效果是真实的。而其他产品，如电视或鞋子，则没有类似的安慰剂效应。如果你销售假冒电视，20%的顾客在将产品带回家时，不会去幻想假冒的电视节目。但一家销售假药的制药公司很可能从相当一部分顾客那里得到积极的结果。

市场激励对药品不起作用的另一个因素是，人类体内有其"自有药房"，也就是免疫系统。大部分时候，人们生病后会自行康复，这归功于由白细胞、吞噬细胞和淋巴细胞组成的出色的防御系统，该系统能够识别并抵御威胁或伤害，并修复损伤。只要所谓的神奇万灵丹不会引发肾衰竭，你就可以把产品卖给消费者，而且大多数时候他们确实会看到效果。链球菌性咽喉炎会好转，发烧也会退烧——其实，这并非因为他们服用了某个江湖术士的神奇药方，而是因为免疫系统在悄无声息地发挥作用。但患者却觉得多亏了这个神奇药方。

然而，安慰剂效应和免疫系统却不是二乙二醇的对手。哈罗德·沃特金斯的万灵丹导致的死亡事件触发了政府内部的某种免疫反应。亨利·华莱士的证词揭示了FDA在监管医药改革方面有多么力不从心。愤怒的民众敦促进行改革。1938年，富兰克林·罗斯福总统签署了《联邦食品、药品和化妆品法案》，使之成为法律。FDA第一次得到授权，负责调查所有在美国销售的药物的安全性。终于，监管机构可以将目光从覆盆子调味料转向更紧迫的问题，即有问题的药物是否致命。

在万灵丹磺胺事件爆发的一年前，芝加哥大学的药理学家尤金·盖林——正是他后来确定了万灵丹中的有毒成分——收到了一位早慧的加拿大研究生弗朗西丝·奥尔德姆的申请，其表示希望在盖林的实验室工作。15岁就高中毕业的奥尔德姆当时只有

21 岁，但已经在麦吉尔大学获得了药理学研究生学位。来自这位加拿大神童的申请信和简历给盖林留下了深刻印象，他通过航空特快专递回复道："如果你能在 3 月 1 日之前抵达芝加哥大学，你就可以获得 4 个月的助研金，然后可以获得读博奖学金。请即刻电告你的决定。"

唯一的问题是，盖林的这封信写给了"奥尔德姆先生"。但弗朗西丝·奥尔德姆其实是一名女性。在那个时代，女性生物化学家几乎闻所未闻。奥尔德姆后来写道："盖林相当保守和守旧，他对女性科学家没抱多大的期望。"她曾考虑在给盖林的回复中指出这一谬误。"说到这儿，我心里有点儿不安，"她回忆道，"我知道，在那个年代，男人才是'首选商品'。我是不是该写信解释一下，带 e 的弗朗西丝（Frances）是女性，而带 i 的弗朗西斯（Francis）是男性？"奥尔德姆询问了她在麦吉尔大学的导师，他打消了她的顾虑。"别傻了，"他说，"接受这份工作，签上你的名字，在名字后面加上括号，写上'女士'，然后就去吧！"

这一决定成为奥尔德姆的人生转折点。她在回忆录中写道："直到今天，我都不知道如果我的名字是伊丽莎白或玛丽·简，我是否还能迈出这重要的第一步。"6

她最初的任务之一是在万灵丹磺胺的动物实验期间观察受试的老鼠。这段经历给这位 22 岁的科学家留下了难以磨灭的印象，使她相信，这种背叛希波克拉底誓言①的大规模悲剧本可以通过

---

① 希波克拉底誓言，古希腊医生希波克拉底所作，现被医学界尊崇为职业态度和行为准则的最高理想。——译者注

实验室实证分析和恰当的规定监管来避免。

几十年后,奥尔德姆将在另一项里程碑式的立法中发挥关键作用,那次立法也同样由大规模悲剧引发。1960年8月,奥尔德姆——当时她已冠夫姓,名叫弗朗西丝·奥尔德姆·凯尔西——入职FDA,是当时仅有的三名医疗审查员之一,负责评估新药申请。自万灵丹磺胺事件以来,FDA对药品行业的监管有所扩大,但仍有许多严重的限制在阻碍该机构保障药品供应安全。FDA只有60天的时间来批准或驳回新药申请,如果医疗审查员没能在这段时间内做出决定,制药商就可以将其推向市场。最令人震惊的是,制药商没有义务证明新药确实有效。如果FDA认为一种新药没有危险,它就会允许制药公司将其推向市场。制药商可以随意调制一种鸡尾酒,然后宣称其可以治疗关节炎,只要其中不含任何已知毒素,他们就可以将其一桶一桶地卖给不知情的消费者。

在入职FDA的头几周内,弗朗西丝·奥尔德姆·凯尔西就发现自己深陷一场重大的健康危机,这与她20多年前作为年轻助理研究员的经历有着奇特的呼应之处。在凯尔西加入FDA的几年前,一家德国公司已经开始销售一种名为"反应停"(Contergan)的安眠药和抗焦虑药。后来,它被当作治疗早孕反应的药物推向市场。这种药物的有效成分是一种名为沙利度胺的免疫调节药物,这种成分似乎有神奇的力量,它能让人昏昏欲睡、放松下来,就像同期上市的其他镇静剂一样,但与那些镇静剂不同的是,试验表明,这种药物不可能出现过量服用的问题。至

1960年，它已获准在40多个国家使用。

当时，一份生产和销售沙利度胺的申请递到了弗朗西丝·奥尔德姆·凯尔西的办公桌上，准备以Kevadon作为商品名在美国销售。

由于沙利度胺在整个欧洲都已获批使用，因此，获得该药销售许可的美国公司理查森-梅里尔提交了一份有点儿敷衍的新药申请。作为医疗审查员，凯尔西的工作是审查该公司提交的临床试验和其他支持证据，以证明该药物的安全性。在Kevadon的申请中，理查森-梅里尔公司只提交了医生的证明，却没有提供实证研究。凯尔西对药物的吸收方式提出了一些问题，这些问题在新药申请中没有得到回答。凯尔西决定，宣布此项申请不完整，FDA需要几个月的时间进行进一步的审查。

在发布这项决定后不久，凯尔西在《英国医学杂志》上读到了一篇文章，它记述了与使用沙利度胺有关的神经炎，这是一种潜在的不可逆转的神经损伤。理查森-梅里尔公司的代表声称对此一无所知，在前往欧洲进行调查之后，他告诉凯尔西，副作用"不是特别严重，可能与饮食不足有关"。该公司很快对FDA采取了一种新的策略，强调服用此前批准的其他安眠药，如巴比妥类药，更容易过量服用。该公司辩称："玛丽莲·梦露要是服用了沙利度胺亦会安然无恙。"[7]但凯尔西并没有相信这套说辞，表明会出现神经损伤的研究让她好奇这种药物对正在发育的胎儿有何影响，因为许多女性都在服用它来治疗早孕反应。

事实证明，凯尔西的直觉洞悉了正在发生的悲剧。她当时还不知道，德国产科医生已经开始报告，突然出现了大量"短肢畸形"的新生儿,他们的四肢有严重的畸形。一半的新生儿死亡。疯狂寻找罪魁祸首的行动又一次开始了。直到 1961 年秋天,由于凯尔西的反对,Kevadon 的申请仍在审查中,欧洲当局已基本证明沙利度胺与大量出现的出生缺陷有关。1962 年 3 月,理查森-梅里尔公司正式撤回申请。由于使用沙利度胺,全球有超过一万名儿童在出生时出现"短肢畸形",胎死腹中的情况数据不详。美国只报告了少数几个病例。多亏了弗朗西丝·奥尔德姆·凯尔西及其 FDA 的同事们敏锐的眼睛,美国人才幸免于沙利度胺的悲剧。在白宫玫瑰园举行的仪式上,肯尼迪总统向凯尔西颁发了杰出联邦公务员总统奖。她后来在回忆录中写道:"我认为我是代表了许多联邦公务员接受的这枚奖章。这的确是团队努力的结果。"

我们通常没有听到太多关于"英雄的官僚机构"这样的说法,因为像 FDA 这样有效运作的官僚机构,其职权部分来自数千人贡献的智慧和专业

图 5-1 1962 年,肯尼迪总统向弗朗西丝·凯尔西颁发杰出联邦公务员总统奖
资料来源:WDC Photos/Alamy Stock Photo。

第五章 超越安慰剂效应:药品监管及检验

知识，他们每一个人都在默默地做着分内的工作：审查临床记录，面试申请者，尽量严谨地理解手头的问题。这样的体系很少会产生有标志性意义的领袖人物，如在其他机构中能够脱颖而出的首席执行官、电视明星或职业运动员。他们所在的行业生来就不适合讲述史诗般的个人成就，因此，他们的工作价值长期以来一直被民众低估。在当今大多数美国主流政治体系中，将某人称为"政府监管者"就是一种诽谤。

的确，官僚机构可能会扼杀创新；的确，一些规定可能会在其"有效期"过后很久才生效。我们需要更好的机制来修订过时的法规。但就医药领域而言，授权所谓的官僚机构对销售给美国民众的药物进行安全性审查能够挽救大量生命，这就体现了政府监管的好处。这些好处背后有着真实的数据作为支撑：如果FDA进行过最简单的动物实验，105名死于万灵丹磺胺的人本可以活下来；如果弗朗西丝·奥尔德姆·凯尔西晚60天入职FDA，成千上万的美国人可能永远都不会出生，或者可能出生时患有严重的生理缺陷。

和之前的万灵丹磺胺事件一样，活动家们多年来一直未能成功推动的新立法因沙利度胺丑闻而打开了大门。在沙利度胺退出美国市场的几个月内，美国国会便通过了具有里程碑意义的《科夫沃-哈里斯药品修正案》，从根本上扩展了对新药申请者的要求。修正案给监管法规带来了许多变化，最引人注目的一点是除了安全性证明，制药公司首次被要求提供疗效证明，对大型制药公司来说，仅仅证明其产品不会毒害消费者是不够的。他们必须拿出证据，证明他们生产的药物能治愈疾病。

从表面上看，这条时间线似乎很离谱。我们怎么可能在半个世纪之前才开始要求制药公司提供试验成功率？但事实是，当弗朗西丝·奥尔德姆第一次来到芝加哥大学的实验室时，疗效的问题的确很难回答。在 1937 年时，FDA 无法要求疗效证明，因为实验医学界还没有建立一套标准化的方法来判定疗效的成败。但当弗朗西丝·奥尔德姆·凯尔西 1962 年进入 FDA 第一天时，这套方法出现了。在这两场危机之间的 25 年里，发生了一些根本性的变化。人类有了一种新的"超级力量"。它不是纪录片中分裂原子、将宇航员送入太空的超级大国。它是一项医学突破，但与注射器或化学物质无关。它更像是法尔的生命表，是我们在看待数据的方式上取得的突破。这项创新的正式名称是随机对照试验，通常简称为 RCT。在知识史与科技史上所有的"滞后者"（包括自行车和打字机）中，RCT 很可能是最令人费解的，也是最重要的。

RCT 的出现是科学史上少有的意义极为重大的方法论革命。（只有 17 世纪科学方法论本身——构建假说、检验假说、根据检验反馈改进假说——的提出意义更为突出。）和弗朗西斯·培根及其他早期启蒙运动科学家开发的实证研究方法一样，RCT 这项技术出奇简单，简单到我们忽视了一个本质性的问题：为什么用了这么长时间才发现它。RCT 的主要方法体现在其名称中：随机、双盲、对照。假设你正在检验一种据称可以治疗链球菌性咽喉炎的新药。你要先找到大量罹患这种疾病的人，并将他们随机分为两组。其中一组为实验组，该组人员会收到你要检验的药物；另一组则会收到安慰剂。安慰剂组便是对照组，它是衡量药物有效性的标尺。对照组测试的是链球菌性咽喉炎需要多长时间才能被人体免疫系统自然治愈。如果受试药物真的有效，那么接受药物治疗的小组将比对照组好转得更快。如果二者的结果没有差异，或者如果实验组的人由于肾衰竭死亡，那么就说明受试药物有问题。在真正的双盲实验中，尤为重要的是无论是实验者还是受试对象都不知道谁在哪个组。隐瞒这一信息可以防止微妙的偏见渗透研究。研究人员一旦收集到数据，就会进行统计分析，从而确定一组人的情况是明显好于另一组人，还是比另一组人更差。一般来说，该标准要证明偶然性导致的结果低于 5%。换句话说，如果你进行 100 次这项研究，其中有 95 次以上会表明这种疗法在实验组中产生了积极的效果。

把这些因素都放在一起，我们就得到了一个区分虚假疗法和科学疗法的体系，从而免除了长期困扰医学界的各种风险，如逸事型证据、假阳性、证真偏差等。FDA 在 1962 年要求制药商提供疗效证明，因为当时已经有了一套相应的体系可以提供有效的证据，这套体系便是 RCT。

RCT 由几条不同的知识"支流"汇合而成。早在 1747 年，苏格兰医生詹姆斯·林德就在英国皇家海军舰艇索尔兹伯里号上进行了一次著名的早期随机对照试验，目的是确定一种治疗坏血病的有效药物。坏血病是当时航海界的主要致死疾病。林德的实验将12名出现症状的水手分为6对，给每对水手分发不同的膳食补充剂：苹果酒、稀释硫酸、醋、海水、柑橘、一种常见泻药。虽然他没有设置接受安慰剂的对照组，但他确实尽量确保受试对象所处的其他环境因素都相同——除膳食补充剂外，他们其他所有的饮食都相同，船上的生活条件也相同。林德的实验最终确定，将柑橘作为膳食补充剂服食是抗击坏血病唯一有效的疗法。

在许多方面，林德的研究与现代形式的RCT相去甚远。它没有设置安慰剂受试组，也未进行双盲测试，而且没有招募足够的受试对象，因此该项研究不具有统计学意义。随机化的重要性直到20世纪初才显现。当时，英国统计学家罗纳德·艾尔默·费舍尔开始在农业研究的背景下探索这一概念，以此测试对不同地块进行处理的有效性。费舍尔在其1935年的著作《实验设计》中写道："适当地进行随机化操作可使实验者不必费心思考虑与评估可能干扰数据结果的无数原因。"[8]

流行病学家和统计学家奥斯汀·布拉德福德·希尔注意到了费舍尔在20世纪30年代进行的随机化和实验设计方面的工作。他觉察到，费舍尔的方法中可能蕴藏了一项对医学研究大有裨益的技术。希尔后来重申了费舍尔所讲述的随机化的重要意义，他写道，这项技术"确保了我们的个人偏好（有意或无意的喜欢或不喜欢）或不公平的判断都不能影响不同治疗小组的划分，我们无法控制分组，因此结果会是公正的"[9]。希尔认识到，成功的实验设计的关键不仅在于研究人员有能力生产出有前景的药物并进行检验，还在于能否消除自身对实验结果的影响，即常常导致数据扭曲的微妙偏见。

希尔年轻时在地中海地区服役，担任飞行员，其间曾感染肺结核，因此，由他监督的第一项里程碑式的研究便顺理成章地是探求一种治疗结核病的新药物——实验性抗生素链霉素。1948年，该研究结果发表在《英国医学杂志》上，文章标题简明地提及了研究内容：链霉素治疗肺结核。但这项研究的真正意义在于其形式。现在，它被广泛认为是史上首次真正的 RCT。下一章我们会讲到，在医学界为延长预期寿命所做的重要贡献中，抗生素厥功至伟。第一批真正的神奇药物和第一批真正的 RCT 在几年内相继出现，这应该不是巧合。这两大进步是相辅相成的：抗生素的发现终于给了研究人员一种值得检验的药物，而 RCT 让他们能快速有效地将抗生素与其他无效药物区分开来。

希尔对链霉素疗效的随机对照研究是实验设计史上的一座里程碑。如果他没有发表另一篇论文，该项研究对健康产生的间接影响——主要归功于随之而来的无数 RCT——就会为他在医学史的殿堂中赢得一席之地。但当时的奥斯汀·布拉德福德·希尔才刚起步。他的下一项研究将对地球上数百万人的生命产生直接影响。

在第二次世界大战的某个混战时刻，闪电战席卷伦敦，与此同时，英国公共卫生官员在总登记官编制的死亡率报告中察觉到了一个不祥的信号。当时的欧洲，成千上万的人死于大轰炸和战争前线，而另一个杀手——肺癌也导致了越来越多的人口死亡。

死亡人数的激增着实令人担忧。到战争结束之时，据英国医学研究委员会估计，肺癌的死亡率比1922年增长了15倍。香烟疑似诱因之一，但很多人也指出了其他的环境因素，如汽车排放的尾气、马路上使用的焦油，以及其他形式的工业污染。

在奥斯汀·布拉德福德·希尔发表结核病研究报告的几个月前，英国医学研究委员会找到了希尔和另一位著名的流行病学家理查德·多尔，请求他们调查肺癌危机。当然，如今，即便是小学生也明白吸烟和肺癌之间的联系，尽管其中一些人长大后忽视了这一点，但在20世纪40年代末，人们完全不清楚这种联系。理查德·多尔后来回忆道："我自己也没想到吸烟是个大问题。如果当时要打赌，我会把赌注押在与道路和汽车有关的诱因上。"

希尔和多尔设计了一个出色的实验，借此验证吸烟可能与肺癌病例激增有关这一假设。这个实验的设计与传统药物实验相反。实验组没有接受实验药物，也没有安慰剂。相反，实验组由肺癌患者构成。希尔和多尔联系了伦敦的20家医院，找到了一组具有统计学意义的肺癌患者。随后，他们在每家医院都招募了两个不同的对照组，一组是患有其他癌症的患者，另一组是根本没有患癌的病人。对于每个"实验组"即患有肺癌的那组的人员，他们尽量匹配一位对照患者，两者年龄与经济阶层相当，居住地也一致。在每组变量相同的情况下，希尔和多尔还确保了一些混杂因素不会影响结果。例如，假设肺癌的激增是兰开夏郡工厂的工业烟尘引起的。如果实验不对居住地或经济阶层进行对照（如工厂工人和售货员），则无法发现这种因果关系。但是，希尔和多尔组建的实验组和对照组在人口统计学方面相似，他们可以借此研究这两组人员在吸烟习惯方面是否存在有意义的差异。

最终，709 名肺癌患者接受了关于吸烟史的采访，对照组也有同样数量的人员接受了采访。希尔和多尔创建了多个表格，从平均每天的吸烟量、一生中消费的烟草总量、受试对象开始吸烟的年龄等不同维度探究受试对象的吸烟史。处理完这些数据后，得到的结果显而易见。希尔和多尔写道："无论采用哪种标准衡量吸烟的情况，都会得到相同的结果——吸烟和肺癌之间存在显著而明确的关系。"[10] 在他们最终发表的论文的末尾，希尔和多尔试图粗略评估重度吸烟对罹患肺癌概率的影响。根据他们的估计，每天吸烟超过一包的人罹患肺癌的概率比不吸烟的人高 50 倍。这个数字在当时已相当令人震惊，但我们现在知道，这还是极大地低估了风险。实际上，重度吸烟者患肺癌的概率是不吸烟者的近 500 倍。[11]

尽管这项研究提供了压倒性的证据，其实验设计也非常严格，但一开始医疗机构并未理会他们在 1950 年发表的论文《吸烟与肺癌》。几年后，多尔被问及，为什么这么多官方机构都忽视了他和希尔苦心积累的明显证据，他解释道："在试图说服科学界的过程中，我们发现了一些问题，其中一个问题是，主导当时思维的是白喉、伤寒和结节等的致病性微生物的发现，这一发现是 19 世纪最后几十年里医学取得重大进步的基石。当我们需要从流行病学研究中得出结论时，科学家倾向于采用老一套的规则，认为传染病的诱因是某种特定细菌。"[12] 从某种意义上说，医疗机构在确认其他疾病诱因方面取得的成功在这里反而成了绊脚石。尽管事实表明，绝大多数肺癌患者都是瘾君子，但仍有一些不吸烟的人罹患此病。按照老一套的模式，这些不吸烟的人就像是从未摄入过霍乱弧菌的霍乱患者。多尔解释道："但是，当然没有人说（吸烟）就是唯一的诱因，我们是说，它是其中一个诱因。大家没有意识到慢性病的诱因有很多。"

希尔和多尔并未退缩，他们开始进行另一项实验，从不同的角度研究吸烟问题。他们决定分析人们长期以来的吸烟情况和健康状况，看看是否可以以此预测肺癌病例。这一次，他们将医生作为研究对象，向英国的5万多名医生发出了问卷，询问其吸烟习惯，然后长期追踪他们的健康状况。"我们计划将这项研究开展5年，"多尔后来回忆道，"但在两年半里，就有37人死于肺癌，他们都有吸烟的习惯。"他们于1954年提前发表了研究成果，这项研究如今被认为是一道分水岭，医学界自此了解了吸烟与癌症之间的因果关系。

1954年的那篇论文证明，实验设计的重要性不及选择特定的受试对象。希尔和多尔最初决定采访医生，因为这样更容易追踪他们随后几年的健康状况和吸烟情况。但事实表明，这一决定还有其他好处。多尔指出："从多个角度看，选择医生作为受试对象都是非常幸运的。其中一个原因是，医学专业人士能比其他人更快地接受实验发现。他们会说：'天啊！吸烟导致医生死亡，情况一定很严重。'"

在希尔和多尔发表了关于癌症和吸烟之间关系的第二次调查整整 10 年后，美国公共卫生局局长、内科医生卢瑟·特里发表了著名的《吸烟对健康的影响报告》，正式宣布香烟对健康构成重大威胁。（在去发布报告的路上，特里紧张地吸了一支烟，在新闻发布会上，有人问他是不是烟民，他回答说"不是"。当被问及戒烟多久了，他答道："20 分钟。"）随后的研究仿照了希尔和多尔的开创性研究，明确了吸烟带来的其他健康危害，包括现今成为美国头号杀手的心脑血管疾病。世界各地的政府监管机构在烟草产品上增加了警示标签，设立了广告限制，并对香烟征收重税。当希尔和多尔在伦敦的医院采访他们的第一批患者时，超过 50% 的英国人口是瘾君子。如今，这一数字仅为 16%。现在，据估计，在 35 岁之前戒烟可以使预期寿命延长多达 9 年。

RCT 设计与政府监管之间的配合——实验揭示出健康威胁，政府随后对其进行限制或取缔——在全球数百万人中开展了一场悄无声息但意义深远的健康革命。实验发现用于生产燃料和橡胶的化合物会诱发膀胱癌，于是这种化合物被淘汰；修路工人因长期暴露在焦油环境中而罹患皮肤癌的情况极大减少；研究发现，石棉与罕见的致命癌症间皮瘤之间有关联，于是石棉被淘汰。这次革命性的飞跃并非由惊人的技术突破或街头抗议者引发，发起者是巧妙的实验设计师和政府监管机构。这次革命事关我们提出的问题，也事关我们回答这些问题的方式。这种新的万灵丹安全吗？它真的有疗效吗？吸烟危险吗？我们如何确定呢？

第六章
改变世界的霉菌

抗生素

任何曾对科学和医学史小有兴趣的人都有可能读过有关发现第一种真正的抗生素——青霉素的传说。这个故事几乎和牛顿的苹果及万有引力理论一样耳熟能详，其中一个原因是这两个故事都讲述了一个偶然情况和一次灵光乍现。在1928年9月命中注定的一天，苏格兰科学家亚历山大·弗莱明偶然将一个装有葡萄球菌的培养皿留在了一扇打开的窗户旁边，将其暴露在自然环境下，然后踏上了为期两周的度假之旅。当弗莱明于9月28日回到实验室时，他发现一种蓝绿色霉菌污染了葡萄球菌培养物。在扔掉培养物之前，他注意到了一种奇怪的现象：霉菌似乎抑制了细菌的生长。弗莱明的好奇心受到激发，于是更为仔细地检查了培养皿，他观察到霉菌似乎正在释放某种能有效破坏细菌的细胞膜，从而引发细菌溶解的物质。这种细菌杀手就是另一只"圣杯"，弗莱明称之为青霉素。17年后，当这一发现的真正意义业已显现之时，他被授予诺贝尔生理学或医学奖。

弗莱明的故事之所以广为流传，部分原因是它为办公桌凌乱的上班族提供了一个合理的借口。如果弗莱明整洁一些，他应该都没有机会获得诺贝尔奖。（的确，在创新史上，"生成混乱"的传统由来已久，比如X射线的发现同样要归功于杂乱无章的工作环境。）但就像许多真正关于突破的故事一样，培养皿和打开的窗户的故事太过简略，极大压缩了有关青霉素以及紧随其后出现的抗生素如何改变世界的真实叙事。青霉素的成功其实是多学科国际合作的伟大事例之一。这是一个关于网络而非古怪天才的故事。

弗莱明是这个网络的一部分，但也只是其中一部分。他似乎还没有完全了解他偶然发现的事物的真正潜力。他未能进行最基础的实验，检验青霉素在培养皿之外杀死葡萄球菌的有效性。有人说："要证明青霉素的疗效，弗莱明只需向体重 20 克、轻度感染链球菌或肺炎球菌的小鼠注射 0.5 毫升培养液即可。他之所以没有进行如此显而易见的实验，原因很简单，就是他没想到。"[1]

考虑到细菌感染的极大风险，这种疏漏着实令人震惊。早在文明发端之时，人类就深陷与细菌性疾病的生死较量之中。从 6 000 年前的埃及古墓中发掘的骸骨显示出脊柱结核引发畸形的迹象。希波克拉底治疗过明确感染了结核分枝杆菌的患者。在 19 世纪的大部分时间里，这种细菌引发的死亡病例占所有死亡人数的 1/4。以长远眼光来看，它可能是所有传染病中最致命的杀手。由简单的擦伤、割伤或医疗程序引起的细菌感染也是主要的致死因素。有估计表明，在美国南北战争中，2/3 的死亡是由在军队医院中感染的败血症及其他感染造成的。20 世纪上半叶，医疗干预手段对改善预期寿命效果不佳，主要原因之一就是感染带来的威胁。即便医生确实有回天之术，但他们可能在不经意间造成细菌感染，从而导致病患死亡。

这些都是在弗莱明发现青霉素前后发生的重大风险。这种能够直接对抗人类"宿敌"的药物可能会带来一场医药领域的真正革命。在 20 世纪 30 年代，弗莱明的发现一直被搁置，而风险却随着第二次世界大战的到来变得越来越大。最终，全球范围内的军事冲突带来的残杀才使弗莱明的发现成了真正的救命稻草。

关于抗生素对第二次世界大战的影响，有成千上万的故事可以讲述，对于青霉素挽救的生命，每个人都有一个故事，而那些没能使用这一神奇药物的人，也都有一个故事。其中一个故事极具代表性：1942年5月27日，纳粹军官莱因哈德·海德里希开着一辆梅赛德斯敞篷车穿过布拉格郊区，前往柏林与希特勒会面。（海德里希是"水晶之夜[①]"等事件的主要组织者。）一支由英国人训练的捷克暗杀队伍埋伏在沿途的一个急转弯处。当海德里希的车准备减速转弯时，其中一个杀手架起了一挺机枪，但枪卡住了，没能开火。另一个杀手向车子扔出了一枚手榴弹，落在了车后，不过还是造成了一些伤害。海德里希本是一个极易攻击的目标，却只受了伤，并未丧命，这对纳粹党人来说似乎是件幸事。在切除了他的脾脏后，医生们乐观地认为他会完全康复。但海德里希的伤口沾上了汽车座椅上的碎片和马毛。微生物通过看似轻微的伤口进入了血液，并开始在其体内自我繁殖。就在医生做出乐观预期后的几小时内，海德里希就患上了败血症。[2]

海德里希于袭击发生一周后的6月4日死亡。他经受住了机枪和手榴弹的爆炸性暴力袭击，却死于一种隐形威胁，也就是其伤口感染的细菌。

巧合的是，海德里希死亡之时，恰逢英美科学家在美国军方支持下首次生产出足够稳定的青霉素来治疗那种使海德里希丧命

[①] "水晶之夜"是指1938年11月9日至10日凌晨，希特勒青年团、盖世太保和党卫军袭击德国和奥地利的犹太人的事件。该事件标志着纳粹开始对犹太人进行有组织的屠杀。——译者注

的细菌感染。在二战的最后几年里，同盟国有了大量青霉素，而轴心国却从未研发出此类药物。这给了同盟国微弱但实在的优势。也许是原子弹结束了亚洲的战争，但我们完全有证据证明，青霉素在欧洲战场取得胜利的过程中发挥了关键作用。这是一项防御性成就：在某种程度上，同盟国赢得二战并非因为发掘了更多杀死敌军的方法，而是因为找出了阻止己方士兵死亡的新方法。这场战斗并非发生在前线，而是在医院里。无论如何，这是一项伟大成就。那么，这一切到底是如何发生的呢？

答案的一部分当然与弗莱明本人有关。虽然他在发现青霉素之时的确没有采取有意义的行动，但确实是他最早发现了青霉素，这不仅是一个幸运的意外。他是那种喜欢在混乱的环境下探寻有意思的新情况的知识分子。他是一个狂热的游戏玩家，工作时和闲暇时都是如此。无论是打高尔夫、打斯诺克、玩纸牌还是参加其他任何娱乐活动，他都在不断地发明新的游戏规则，有时甚至是在赛中发明。当被问及自己的工作时，他通常用近乎自嘲的话回答："我是搞微生物的。"[3] 但他是认真的。如果不是容易被游戏中出人意料的各类组合吸引，他就只会看一眼发霉的培养皿，将之当作垃圾和一次失败的实验。但弗莱明认为这种现象很有趣。这通常就是新理念问世的方式——总有人能感知到被其他人视为噪声的信号。

弗莱明与他的研究之间的趣味关系早在其职业生涯初期就已显山露水。在伦敦圣玛丽医学院就读时，弗莱明基于对每种细菌在生长过程中呈现出的不同颜色的了解，以细菌为颜料创作了精美的绘画作品。这种"微生物艺术品"听起来可能很无聊,但20世纪头10年,探索细菌和颜色之间的关系实际上是科学研究的一片沃土,最终将为抗生素革命奠定重要基础。这些发现也来自一个看似毫不相关的领域:时尚。

直到19世纪70年代,世界上最先进的化学公司的大部分业务都是生产染料。医学史家威廉·罗森指出:"染料是迄今已知的最大、最有利可图的化学工艺,比药物更有利可图。"[4] 几千年来,基于植物的染料一直作为织物的染色剂,但19世纪化学领域的进步——利用合成材料生产出可以给织物染色的颜料,打开了一种新的、诱人的可能。由于新型染料可以工业化生产,希望采用新生产技术的企业家很快便注意到了这个领域。在此期间成立的许多公司设在德国,包括后来被称为法本化学工业公司(IG Farben)的企业集团。在二战之后的破产前,这家公司在化学领域陆续取得了大量突破,包括聚氨酯,以及最臭名昭著的齐克隆B(纳粹毒气室中使用的毒药)。从公司名称中便可以看出,词根farbe在德语中是"颜色"的意思,动词färben的意思是"给……染色"。

对合成染料的兴趣使得整整一代研究人员都在探索织物染色的创新,德国科学家保罗·埃尔利希的工作将这项事业推向了顶峰,他开发了一系列技术,可以根据个体细胞的特性为其添加颜色,从而有可能区分不同种类的血液细胞。最终,这些染色技术被应用于区分革兰氏阳性菌和革兰氏阴性菌,这将成为20世纪40年代抗生素发展的关键。

有些幸运的意外发生在实验室的培养皿碰巧受到污染之时，而一个研究领域无意间为另一个完全不同的领域提供工具时，则又会发生一些幸运的意外。我们之所以能够感知到原本看不见的微生物，部分原因是像罗伯特·科赫这样的科学家在实验中使用了专门用于探索微生物世界的新型显微镜。但我们开发这些也由于出售彩色衣服有利可图。

亚历山大·弗莱明在抗生素革命中的角色还有一个值得一提的要素：20世纪二三十年代，他供职于英国的医疗机构，在那段时间里，他身边都是医学领域的顶尖人才。如果他像孟德尔那样在某个修道院发现了青霉素，那很可能不会有任何进展，因为弗莱明有一个奇怪的特点，他不太愿意对药物的效用进行严格的检验。但弗莱明是一个更大的网络的一部分，这意味着他的工作很可能会吸引有其他技能的研究人员的注意。要想让青霉素从一个美丽的意外变为真正的神奇药物，需要做三件事：第一，确定它是不是一种有效的药物；第二，搞清楚如何进行大规模生产；第三，需要一个支撑大规模生产的市场。

这三大关键因素在1939年至1942年汇聚，在这个相当短的时间内，全球政治波谲云诡。20世纪30年代末，来自澳大利亚的药理学家和病理学家霍华德·弗洛里和德裔英国生物化学家恩斯特·伯利斯·钱恩这两位牛津大学科学家，偶然发现了一篇长期以来被忽视的论文，该篇论文有关青霉素的发现，由弗莱明于1929年发表。弗洛里是牛津大学威廉·邓恩爵士病理学学院的院长,该学院成立于几十年前,主要研究病原体及其对人体免疫系统的影响。弗洛里从这种神秘的霉菌中看到了潜力,但他认为,这种化合物可能很难以足够稳定的形式生产出来作为药物使用。然而,钱恩将之视为一项挑战。但在使这种药物的形式稳定下来之前,他们得有办法生产出足够数量的霉菌以用于实验室实验。这两个任务完成后,才能在动物身上进行测试。弗洛里和钱恩很幸运,邓恩学院团队有一位名叫诺曼·希特利的初级成员,他是一名才华横溢、博学多才的实验室工程师,接受过生物和生物化学方面的专业训练。但用弗洛里的一位传记作者的话来说,希特利还掌握了"光学、玻璃和金属加工、管道、木工和任何所需的电气工程技能。他还能即兴发挥,充分利用实验室设备或家用设备中最不可能用到的部分,力求在完成工作的过程中尽可能不浪费时间"[5]。

经过一段时间的疯狂试错,希特利设计了一个奇特的装置,是用一系列实验室设备和五花八门的配件拼凑而成的,包括一只回收的门铃、打包钢丝、饼干罐、便盆和一根用来在热玻璃上精准打孔的缝纫针。罗森对希特利设计的"鲁布·戈德堡装置①"描述如下。

三个各装有液体培养基、乙醚和酸的瓶子被倒置在一个框

---

① 鲁布·戈德堡装置,一种被设计得过度复杂的机械组合,以迂回的方法去完成一些非常简单的工作,如倒一杯茶、打一颗蛋等。美国漫画家鲁布·戈德堡在其作品中创作出这种机械,以此得名。——译者注

架内,直到装有培养基的瓶子的玻璃瓶塞被移到一边,液体流入一支置于冰中的玻璃蛇管里。等到冷却后,酸化液体与3号瓶中的酸结合,以水滴的形式被喷射到6支平行分离管的其中一支里。同时,装有乙醚的2号瓶的瓶塞被移到一边,将乙醚释放到整个装置的底部。分离管中的滤液被喷入4英尺长的乙醚管中。青霉素对乙醚有化学亲和力,因此它会转移到管子中,排出原始培养基剩余的成分。然后,将青霉素加乙醚的溶液(后来被称为乙酸乙酯)引入另一根试管内,加入微碱性的水。青霉素和水的混合物就被提取了出来,其体积大约是整个过程开始前过滤的培养基的20%。[6]

和希特利的装置相比,弗莱明的工作空间可以说是井然有序,但这个装置确实有效,它可以在短短1小时内将12升发霉的"培养基"转化为2升有效的青霉素。

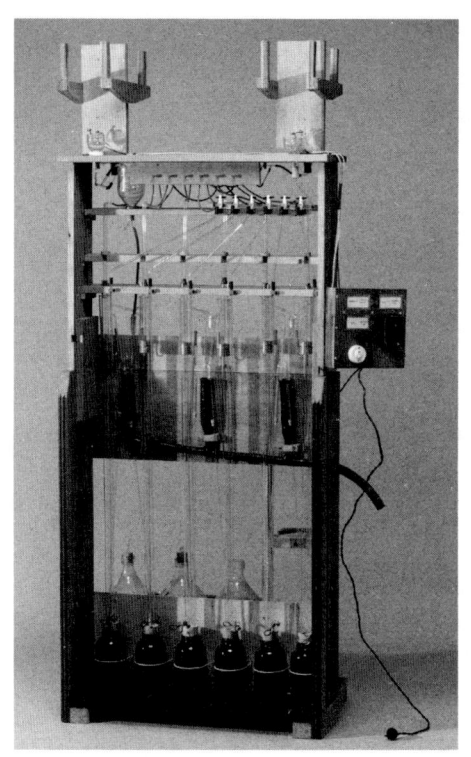

图6-1 连续提取和纯化青霉素的设备复制品,诺曼·希特利博士于1986年为英国科学博物馆制作

1940年5月25日，弗洛里第一次正式对青霉素的有效性进行了测试。他故意让8只小鼠感染了链球菌性咽喉炎和其他更为严重的疾病。然后，他给其中4只注射了不同剂量的青霉素，而其余4只什么都不注射。这并非严格意义上的随机对照试验，但结果非常惊人，弗洛里由此知道自己有了重大发现。那4只注射了青霉素的小鼠全都活了下来。

实验和实验室工程取得的进展使得邓恩学院的团队能够生产出纯度更高的青霉素，然后他们决定进行人体药物试验。弗洛里派了一名年轻的研究人员去寻找一名自愿参与试验的患者，或者说已经病得无药可救、别无选择的患者。查尔斯·弗莱彻知道该去何处找。他后来写道："当时，每家医院都有一个败血症病房。"对急性感染的主要治疗方式仅仅是缠上绷带。弗莱彻说："没有别的办法了，这些病房里有一半的病人死了。"[7]

弗莱彻很快在牛津的一家医院找到了一名理想的受试病例，这名患者的情况提醒着我们，在抗生素出现之前的年代，最轻微的擦伤往往会导致严重的感染。一位名叫阿尔伯特·亚历山大的警察在侍弄花草时被玫瑰刺划伤了面部。当时看来只是小伤，但在表层伤口之下，花园土壤中存在的葡萄球菌开始自我繁殖。到2月时，感染已经累及全身。他因细菌感染而失去了左眼。弗莱彻后来写道："他痛苦万状、病入膏肓。"在前往医院探望亚历山大之后的当天晚上，希特利在日记中写道："他全身都在渗出脓液。"[8]如果没有治疗感染的灵丹妙药，亚历山大肯定会在几周甚至几天内死亡。

弗洛里和邓恩学院的同事们都认为亚历山大符合药物试验的条件。1941年2月12日，他们向阿尔伯特·亚历山大注射了200毫克青霉素，之后每三个小时都会向其注射100毫克青霉素。在现代，一家医院如果遇到病情如此危重的患者，都会给他注射两倍以上的剂量。但弗洛里当时只是猜测合适的药物剂量，毕竟这是第一个接受治疗的病患。[9]大家都不知道多少剂量会发挥效用，多少剂量可能会致命。

结果证明，弗洛里根据经验进行的判断是对的。几个小时后，亚历山大开始好转。这就像是在观看一部倒放的恐怖片：一个肢体正在瓦解的人突然恢复正常了。他的体温恢复到正常范围，数日以来，他第一次可以用另一只眼睛看东西，从他头皮上滴下来的脓液也已经完全消失。

当看到亚历山大的病情有所好转时，弗洛里和邓恩学院的同事们意识到他们发现了真正的新事物。在谈及这一重要的日子时，弗莱彻写道："钱恩兴奋得手舞足蹈，弗洛里沉默寡言，但还是为这个非凡的临床案例激动不已。"

在和微生物漫长的协同进化过程中，人类首次开发出了一种杀灭微生物的有效技术，这种技术并非通过洗手或净化水系统实现，而是设计出了一种新的化合物，这种化合物可以被感染者吸收，并通过他们的血液输送，从而攻击其体内致命的微生物。疫苗通过触发人体的免疫系统击退病原体，公共卫生通过建立外部免疫系统实现了这一点，而青霉素则代表了一项制造能杀灭病原体的化合物的新技术。

尽管邓恩学院的团队都是天才科学家，但他们还是没有解决规模化生产的问题。事实上，他们的青霉素储备非常有限，甚至开始回收通过亚历山大的尿液排出的化合物。经过两周的治疗，他们的药物消耗殆尽，亚历山大的病情迅速恶化。3月15日，这名警察死于玫瑰刺导致的划伤。他的康复过程虽然短暂，但令人瞩目，同时清楚地表明青霉素可以治愈细菌感染。剩下的问题是能否生产出足够的量使其发挥效用。

为解决规模化生产问题，霍华德·弗洛里向美国人求助。他写信给洛克菲勒基金会负责人沃伦·韦弗，解释了邓恩学院正在研发的新药，称其前景广阔。韦弗富有远见，认识到这一发现的重要性，他安排弗洛里、希特利离开深陷闪电战的英国，前往美国继续研究青霉素。就像影片《北非谍影》中的一幕一样，1941年7月1日，弗洛里和希特利带着一个上了锁的公文包乘坐泛美快艇从里斯本起程，包内装着全世界绝大部分的青霉素。

在美国，他们很快与位于伊利诺伊州皮奥里亚的美国农业部北方地区研究实验室一起成立了研究团队。该项目立即得到了美国军方的支持，他们希望找到一种神奇药物使部队士兵免受感染的威胁。在过去的军事冲突中，感染曾导致许多士兵死亡。不久后，由于默克和辉瑞等几家美国制药公司在规模化生产方面的专业性，它们也加入了该项目。对弗洛里和希特利而言，这一项目得到了来自伦敦和牛津的强大智力支持，与之相比，皮奥里亚似乎只是一个偏远的哨站。但事实表明，这里是一个理想的研究之地。农业科学家对霉菌和土壤生物有着丰富的经验。其所处的美国中部地带有一大优势——此处离玉米产地较近。美国农业部实验室的研究人员一直在研究玉米浆的发酵能力，玉米浆是生产玉米淀粉的过程中产出的一种副产品。霉菌在装满玉米浆的大桶里大量繁殖。

该团队决定从两个角度解决规模化问题。他们沿用希特利在牛津研发的实验室工程方法建造了新的装置，以最大限度提高玉米浆中霉菌的初始规模。但他们也怀疑野外可能有其他能更快生长的青霉素菌株。艾奥瓦州的农学家知道，普通土壤中既有令阿尔伯特·亚历山大丧命的葡萄球菌，也有弗莱明最初发现的霉菌那样的有机体，它们进化出了遏制细菌生长的防御系统。他们也许会浪费几个月的时间，尝试用希特利的装置生产出更多霉菌，而另一种更适合大规模生产的有机体可能正藏在某处土壤中。

因此，美国政府发起了世界历史上最伟大的"大海捞针"行动之一，只是在这次行动中，要捞的"针"是肉眼可能看不见的霉菌，而"海"则是地球上任何有土壤的地方。当盟军士兵在第二次世界大战中浴血奋战时，另有数十名"士兵"在世界各地静静地执行着一项单独的任务。这项任务看起来更像是幼儿园的课间休息活动，而非军事行动。他们就是挖土，采集土壤样本，然后运回美国的实验室进行检验。其中一次采集带回了一种微生物，它后来成了现在世界上使用最广泛的抗生素之一——链霉素的基础，也是奥斯汀·布拉德福德·希尔在1948年进行的开创性随机对照试验的基础。在战争结束后的几年里，辉瑞等制药公司继续进行了大量的探索,从世界各地搜寻土壤样本。辉瑞公司的一位化学家说,该公司"从墓地获取土壤样本,在空中使用气球收集风携带的土壤样本,从矿井底部、从海底……获取土壤样本"[10]。他们最终收集了13.5万个不同样本。

在皮奥里亚,该团队也在寻找青霉素的替代菌株。1942年夏天,当地杂货店的顾客发现新鲜农产品货架处有一种奇怪的现象:一名年轻女子认真查看摆放的水果,挑出明显腐烂的水果并买下来。在杂货商和收银员眼中,她一定是个古怪的顾客,但其实她是在执行一项绝密任务,事关数百万参战盟军的生死存亡。这位顾客名叫玛丽·亨特,是皮奥里亚实验室的一名微生物学家,她的任务是找到能够替代现有菌株的霉菌(不同寻常的购物习惯让她获得了"霉菌玛丽"的绰号)。亨特找到的其中一种霉菌长在一种特别难吃的哈密瓜上,比希特利和邓恩学院团队测试的原始菌株的产量高得多。[11]由于弗莱明最初的发现,青霉素的故事通常被描述为一个人偶然有了一个新的想法,而这个人思想开放,能够在新的化合作用中看到一些有趣的东西。但青霉素的成功并不仅仅是一个偶然发现,它也是一个孜孜以求的故事。玛丽·亨特苦心寻找腐烂的哈密瓜,因为她知道那些瓜中可能含有致命的霉菌,也因为整个盟军科学家团队都相信,这对战争局势有利。

他们是对的。现在使用的几乎所有青霉素都源自亨特在哈密瓜中发现的菌落。

有制药公司的先进技术助力,美国很快生产出了大规模的稳定的青霉素,数量足以供给世界各地的军队医院。1944年6月6

日，盟军士兵登陆诺曼底时，除了武器，随身还携带着青霉素。

我们无法确切说出青霉素是何时发明的，重大创新常常如此。这个问题的答案是一个范围，而不是一个时间点。我们能说的就是，在1928年之前，世界上并不存在抗生素这种神奇药物，等到1944年年中，它已经成了一股实实在在的力量，每周能拯救数千人的生命，以此赋予了同盟国之于轴心国的一个低调而又关键的优势。一名心不在焉的教授和一间凌乱的实验室确实标志了这场革命的开始，在创新史尤其是医学创新中，这样的故事不胜枚举。青霉素革命之所以如此不同，是因为来自杂乱实验室的灵光乍现能够迅速投入大规模生产，这在很大程度上要归功于美国军方和私营制药公司的规模化生产能力。要使青霉素问世，我们就必须发现它并对其进行提纯，而分享和大量生产青霉素同样重要，这就是从弗莱明的实验室到邓恩学院，再到皮奥里亚，再到诺曼底海滩的历程。

总而言之，那场革命的影响是什么？青霉素及其后续抗生素的发现（几乎所有抗生素都是在弗洛里和希特利于1942年成功进行第一次试验后的20年里研发出来的）直接拯救了世界上许多人的生命，即便没有数十亿人，也有数亿人。在弗莱明将培养皿暴露在自然环境下之前，肺结核是美国第三大常见的死因，而今天，这种疾病排在50名开外。抗生素抵御感染的神奇力量也为新的疗法打开了大门：器官移植等根治性外科手术极易引发危及生命的感染，有了抗生素，这类手术就安全得多，也就进入了主流医疗实践。抗生素革命也是医学史上的一道分水岭。有了这样的神奇药物，医学终于打破了"麦基翁论题"的消极限制。尽管在青霉素之前也出现了几种改善健康状况的新药，如保罗·埃尔利希最初用来治疗梅毒的"神药"砷凡纳明、用于治疗糖尿病的胰岛素、20世纪30年代的磺胺类药等，但抗生素提供了一条前所未有的抵御疾病和感染的健康防线。二战之后，人类的预期寿命得以延长，不仅是由于公共卫生机构和巴氏杀菌牛奶发挥了作用，也得益于药物能提供超越安慰剂效应的实实在在的疗效。医院不再是人们一命归西之地，除了绷带和无用安慰，什么都不能提供。常规手术很少导致危及生命的感染。在接下来的几十年里，在抗生素之外又出现了其他的新疗法，如用于治疗心脏病的胆固醇合成酶抑制剂（他汀类药物）和血管紧张素转化酶抑制剂、一种有望根治某些癌症的新免疫疗法。偶然发现药物的模式定义了第一代抗生素的找寻之旅——人们从世界各地的土壤样本中提取霉菌，如今，这种模式已经越来越为一种被称为"理性药物设计"的新方法所取代。这种方法是基于我们对病毒或其他疾病病原体表面分子受体的了解，使用计算机设计新的药物。（艾滋病鸡尾酒疗法在过去20年里拯救了数百万人的生命，这是理性药物设计的首批胜利之一。）市面上仍有虚假疗法，但大多数声誉良好的制药公司销售的产品实际上都达到了广告中的疗效。实现这一目标可能比我们预想的时间更长，但今天的医务工作者有了青霉素及其衍生药物的武装，最终有了治愈而非仅仅预防疾病的能力。

青霉素的发现和普及表明，跨学科研究与杂交小麦品系有相同的原因——杂交小麦能更好地适应环境，繁育力也更强。1928—1944年，在这条青霉素的时间线上，有哪些因素参与其中？一个杂乱的工作场所、土壤科学家、一家杂货店、一大桶玉米浆、一整套军事体系，还有化学家和工业工程师。这些因素都有赖于源自19世纪镜片制造商、纺织业者、农民的洞见和技术。当你以这种方式看待整个网络时，它就像是一台希特利设计的古怪装置，将一系列看似不那么配套的物件串联起来。这种叙事不像"显微镜旁的天才"这种老派故事那样清晰简洁，但它更为准确地叙述了青霉素这样具有变革意义的事物如何成为日常生活的一部分。

出于可以理解的原因，无论是医学还是其他领域的创新史，往往都围绕着青霉素或天花疫苗这类重大而独特的突破。但研究特定的突破为何没有在特定的社会中出现，有时也同样具有启发性。多年来，人们多次探讨纳粹为什么不能研制出原子弹，以及如果他们能研制出原子弹会带来怎样的后果。同样有趣的问题是，为什么他们没能研发出青霉素。

其中一个因素可能是德国对磺胺类药的投入，这类药物是抗生素的前身，在1937年的悲剧性事件中导致了许多美国人死亡。磺胺类药最初是在20世纪30年代初由德国化工和制药集团法本化学工业公司研发。磺胺类药可以抵御细菌感染（在引入青霉素之前，盟军就已经携带了磺胺类药），但细菌很容易对其产生抗药性，而且磺胺类药本身可能有毒。也许德国人对自己发现磺胺类药有着民族自豪感，因此早已郑重承诺大规模生产此类药物，在这种情况下，他们可能不太会再去研究其他的替代品。和原子弹的研发情形一样，科学人才外流（其中许多是犹太人，他们在战争准备阶段逃离德国）也赋予了盟军更多的优势，最有名的例子就是恩斯特·伯利斯·钱恩。很多留下来的化学家更专注于研发执行最终解决方案①的致命气体，而不是救命的药物。

另一个因素无疑是美方项目的保密性。虽然弗莱明的原创研究以及牛津大学取得的一些突破都有公开记录，但当科学家团队开始在皮奥里亚取得重大进展时，美国政府已经认识到这种神奇药物可能会赋予其抗击纳粹的战略优势。珍珠港事件发生12天后，罗斯福总统成立了一个名为新闻检查局（Office of Censorship）的战时紧急机构，负责监控并在必要时阻止情报流向敌方。在随后的历史中，该机构最著名的活动包括对绝密的曼哈顿计划②给予支持。但在罗斯福设立该机构的第二天，皮奥里亚研究小组被告知，"任何有关生产和使用（青霉素）的情报都应受到严格限制"。[12]

纳粹政权确实尝试过大规模生产青霉素。赫斯特化工厂的一

---

① 最终解决方案是指纳粹谋杀欧洲所有犹太人以解决犹太人问题的计划。该计划始于1919年希特勒关于解决欧洲犹太人问题的最早著述；20世纪30年代，纳粹实施了大规模移民，迫使犹太人离开德国，后又将犹太人集体流放到特定地点；至1941年，最终出现了对犹太人的大规模屠杀。——译者注
② 曼哈顿计划，是第二次世界大战期间美国陆军自1942年起开发核武器计划的代号。——译者注

第六章 改变世界的霉菌：抗生素

小队科学家于1942年开始研究这种药物，但项目进程远远落后于皮奥里亚。直到1944年年末，赫斯特才从实验室的小批量生产转为工厂生产。希特勒及其副手似乎已经意识到了这种药物的潜在效益。1945年3月，一封从柏林到赫斯特的电报要求他们计算每天生产多少吨青霉素。即便到了那一时期，这种要求也是痴心妄想。赫斯特化工厂的产能远远达不到这一水平。就在电报到达几天后，赫斯特化工厂就被盟军占领，纳粹对这一神奇药物迟来的需求宣告终结。

青霉素和第二次世界大战的故事还有一个奇怪的补充说明。在盟军登陆诺曼底一个多月后的1944年7月20日，一枚安放在狼穴①军事总部会议室里的炸弹差点儿结果了希特勒。希特勒在爆炸中身受割伤、擦伤和烧伤，他的许多伤口中都有会议室桌子崩落的木头碎片，这些碎片使他免遭全部爆炸力量的冲击。希特勒的医生西奥多·莫雷尔认识到两年前导致海德里希死亡的感染风险，于是使用了一种神秘粉剂为其疗伤。在日记中，莫雷尔将希特勒称为"病人A"，7月20日当天，他记录如下。

> 病人A：滴眼液，右眼出现结膜炎。下午1点15分，脉搏72。晚上8点，脉搏100，正常，强有力，血压165—170。用青霉素粉剂治疗伤口。[13]

---

① 狼穴是第二次世界大战时希特勒其中一个军事指挥部的代号，因希特勒自己使用狼的绰号而得名。狼穴位于当时德国东普鲁士的拉斯滕堡，即波兰边境小城肯琴以东约15千米处的密林中。——译者注

莫雷尔是从哪里弄到青霉素的？1944年7月，赫斯特实验室刚刚开始小规模生产，当时尚不清楚他们生产的药物是否有效。但莫雷尔从另外的渠道获得了一些神奇药物，它们是从美国战俘身上缴获的几支针剂，由一位德国外科医生交给莫雷尔。7月20日的爆炸发生后，另一名医生恳求莫雷尔用一些窃取来的抗生素治疗另一名在爆炸中身受重伤的纳粹分子。莫雷尔拒绝了，大概是要把青霉素这种高级药物留给元首使用。人们只能推测，如果希特勒也像海德里希那样身患致命感染，接下来会发生什么。几乎可以肯定的是，这场战争会提早几个月结束。不管可能会发生什么，莫雷尔医生的日记确实表明，有关全球网络推动青霉素普及的故事中有一段讽刺而曲折的插曲。弗莱明、弗洛里、钱恩、希特利、玛丽·亨特，都在帮助盟军战胜纳粹德国的过程中发挥了不可或缺的作用。他们还可能救了希特勒的命。

第七章
鸡蛋下落实验和火箭橇试验

汽车和工业安全

1869年8月31日，爱尔兰贵族出身的科学家玛丽·沃德与她的丈夫和表弟驾车穿过爱尔兰中部奥法利郡的乡间小道。他们乘坐的是一辆实验性蒸汽汽车，这是汽车的前身。（她表弟的儿子们自己制造了这辆具有汽车雏形的蒸汽汽车。）勇于探索创新是玛丽·沃德的特质。尽管当时存在对性别的刻板印象，她仍然成了一名天文学家和科学作家，尤其擅长使用当时的新型显微镜，其中的新型玻璃透镜将会揭示整个"隐形"微生物生态系统。她也是一位成就斐然的艺术家。沃德出版了几本书，精心描绘了她探索微观世界的发现。

在1869年8月31日之前的几年里，玛丽·沃德走上了一条引人注目的道路。如果她活到高龄并在睡梦中去世，她为世人所铭记的将是其作为科学家、科普学者的成就，尤其是在那个时代，女性科学家难以取得如此高的成就。但事实并非如此，人们最记得她的是她模范般的一生是如何终结的。

现代人对沃德一行乘坐的笨重的蒸汽汽车没有多少印象。在当时，这项技术被称作"马路机车"。它像一辆有着半人半马外形的微型火车安装在老式车厢的后方。司机和乘客坐在前面，用操纵杆控制车轮。尽管我们觉得这款设备很笨重，但考虑到当时的技术水平，这样的构造可以理解。蒸汽机车使轨道交通发生了革命性变化。下一个改革前沿一定是现有的道路系统。因此，整整一代工程师将微型蒸汽机安装在传动装置上，在乡间道路上行驶。

说行驶可能言过其实了。这种车辆的最高速度在每小时10

英里以内，大多数设法跟上这项技术步伐的地方法规都禁止时速超过 5 英里。但即便在如此低速的情况下，马路机车也由于极其笨重而对人身安全构成了威胁。随后的证据估计，在 1869 年 8 月的那一天，载有玛丽·沃德的车辆以每小时不到 4 英里的速度行驶。但当他们一行人绕过帕森斯敦一座教堂附近的一个急转弯时，突然的颠簸将沃德从车厢里抛出。汽车的后轮压坏了她的脖子。在她的丈夫和其他乘客跳下车后，他们发现她的耳朵、嘴巴和鼻子都在流血，身体还在抽搐。几分钟后，她就死了。

第二天，当地报纸发表了一篇关于玛丽·沃德死亡的报道："整个小镇都弥漫着悲痛的氛围。这位成就斐然、才华横溢的女士英年早逝，每个人都向她的丈夫和其他家人致哀。"[1] 英格兰和爱尔兰的报纸上都刊登了关于这起事故的临时报道，标题有"一名女士死于一起事故""一名女士之死"等。读这些新闻的读者没有想到，玛丽·沃德只是后来一长串死亡名单上的第一个，他们的死因都相同。最终，验尸官判定其死于颈椎断裂，陪审团随后裁定其死亡为意外事件。但将她的死亡归因于颈椎断裂，就像将霍乱患者死亡归因于脱水一样。从技术上讲，这是正确的，但真正的凶手另有其"人"。玛丽·沃德是被机器杀死的。她被认为是第一个死于机动车事故的人。

当时的死亡率报告有其死因分类，玛丽·沃德的死亡很可能在事故之列。但很快，公共卫生官员不得不引入一个更为具体的新类别：汽车事故。医学在 20 世纪中叶真正实现了救死扶伤，与此同时，一种人类"自找的"新威胁出现了，缩短了预期寿命。

在亨利·福特发明 T 型车时，肺结核是美国的第三大死因。但到 20 世纪 50 年代初抗生素普及之时，肺结核已经完全被人为的汽车事故取代。

大部分讲述预期寿命翻倍的故事都关于致命的病毒、细菌感染及饥荒等人类数千年来面临的威胁。但从 19 世纪开始，一种全新的威胁出现了，应对这种威胁需要一套不同的解决方法。大量人口死于和机器有关的事故，这是有史以来第一次。人类的文化创新使得一些疾病扩散，如第三章所述，城市人口稠密，垃圾处理设计欠佳，导致霍乱猖獗。但工业时代的"机械屠杀"则完全不同。人类发明了一系列为特定目的而设计的技术，如蒸汽动力织布机、铁路机车、飞机、汽车等，却产生了意想不到的后果——这些发明都很容易杀死其使用者。

谁是第一个被机器杀死的人？显然，我们无法找到确切的历史记录。我们是否认为步枪是一种机器？加农炮呢？弹射器呢？第一个死于并非专门为战争设计的机器的人，可能是工业革命初期兰开夏郡磨坊的一名工人。刚看到这一点时，你一定很震惊。机器事故的惨烈场面以前只能在战场上见到：头骨被碾碎，四肢被切断，躯干被炸得面目全非。

在汽车给日常生活带来极其惨重的灾难之前，铁路是最大的机械事故来源。报纸上抢先刊登的一些照片展示了铁路事故的可怕场景，再配以超大号文字进行炒作。1864 年，查尔斯·狄更斯在一起火车事故中死里逃生，当时，他的最后一部杰作《我们共

第七章　鸡蛋下落实验和火箭橇试验：汽车和工业安全

同的朋友》已经快要写完。(从车厢逃出后,他想起自己的手稿还在火车里,于是爬回去取。)据说,这次事件给他留下了终生的创伤。

乘客还算是幸运的。在人类就业史上,很少有比19世纪中叶的铁路工人更危险的工作。在所谓的轨道行业,尤其是那些连接和分离列车的工人中,每年有不到10%的人遭受过严重伤害。任何一名行业内人士都能看出,它正以惊人的速度夺去人们的生命。像乔治·威斯汀豪斯这样的铁路巨头推出了客运列车空气制动装置等安全措施,而伊莱·詹尼则发明了一种自动对接列车的方法。但往往需要统计数据才能充分揭示这个问题并引起行业外人士的注意。1888年,新成立的州际商务委员会开始收集美国铁路事故的数据。最终公布的数据令人震惊:每117名铁路工人中就有1人死于工业事故。[2]

这一数据直接导致了美国历史上最不受重视的立法之一《安全设备法案》的通过。该法案依法强制铁路公司在所有列车上安装电动刹车和自动车钩。政府干预的效果无可否认,10年内,铁路工人的死亡率降低了一半。

现代人可能会觉得《安全设备法案》是为了保护人们免受洗衣机的伤害,但无论如何,它仍然是一座里程碑。它是美国通过的第一部重点关注改善工作场所安全的法律。随之而来的是数百部致力于减少机器带来的威胁的法律。

其中大部分针对的是汽车。

在20世纪，究竟有多少人死于车辆事故？全球数据很难估计，但在美国，自1913年以来一直有准确的记录。一个多世纪以来，已有400多万人死于车祸。在美国人中，死于车祸的人数是美国独立战争以来所有军事冲突中死亡人数的3倍。（这个数据无疑低估了汽车对死亡率的影响，因为它没有包括空气污染和铅中毒带来的环境影响，而二者也是汽车文化的产物。）

任何一项20世纪的发明，即便是专为作战而设计的发明，其造成的死亡人数也能与汽车匹敌吗？原子弹造成10万人死亡，所有坠机事件中的死亡人数大致也是这个数字。在希特勒最终解决方案的巅峰期，齐克隆B和毒气室造成的死亡人数远超同一时期汽车造成的死亡人数。但纵观整个20世纪，能和汽车一样被称为"大规模杀手"的只有机枪。

车祸死亡对预期寿命有着极大的影响，因为许多年轻人死于车祸。一种记录死亡人数的方法是记录有多少位名人在50岁之前死于车祸，如音乐家哈里·查宾、马克·博兰、埃迪·科克伦，舞蹈家伊莎多拉·邓肯，作家玛格丽特·米切尔、阿尔贝·加缪、纳撒尼尔·韦斯特。不幸英年早逝于车祸的王室成员被广泛报道，其中最著名的例子是比利时王后阿斯特丽德和戴安娜王妃。

克林顿和奥巴马的父亲都在年轻时死于车祸。车祸还夺走了演员简·曼斯菲尔德和保罗·沃克的生命。但车祸事故很少能像1955年詹姆斯·迪恩之死那样引发公众的广泛关注。当时，他乘坐的保时捷敞篷车与一辆福特都铎在加利福尼亚州中部的一个十字路口相撞，年仅24岁的迪恩不治身亡。

第七章　鸡蛋下落实验和火箭橇试验：汽车和工业安全

迪恩去世之时，几乎所有车辆的安全性能都非常低。安全带可以说是不存在的，人们也很少在乘坐车辆时系安全带；内嵌式方向盘、碰撞缓冲区更是闻所未闻的事物；安全气囊和制动防抱死系统还没有被发明。雪佛兰贝尔艾尔轿车是1955年最畅销的家用汽车，它没有头枕，没有后视镜，仪表盘上没有衬垫，也没有安全带。然而，《州际公路法案》和战后的繁荣意味着，数百万美国人常会以高速公路的速度驾驶汽车，一旦发生碰撞，这些汽车便会成为致命杀手。面对越来越多的车祸死亡人数，汽车制造商几乎无一例外地感到绝望。他们认为，汽车事故中的死亡是不可避免的。这是简单的物理问题——撞击时的冲击力太大，而人体太过脆弱。

与早期的驾驶技术相比，交通信号灯、限速等外部创新降低了死于车祸的概率。在1935年的美国，每行驶1亿英里就有15人死亡。到詹姆斯·迪恩在保时捷敞篷车上出事时，死亡率已经减半。但是，通过改变汽车本身的设计来进一步降低死亡率的想法根本不在讨论范围内。这并不是说汽车制造商在努力研发新的安全创新，只是暂未取得成果。事实上，限制他们的是思想，而不是技术。汽车制造商坚信，从根本上说，在"金属容器"中以每小时50英里的速度行驶本身就是危险的。（在这一点上，汽车制造商与19世纪的悲观主义者并无太大不同，后者在调查了新工业中心的死亡人数后得出这样的结论：那种规模和人口密度的城市从根本上说是不健康的。）走出僵局的首个突破不是机械发明，而是一种绕开"时代盲点"的方法。我们所需要的不是解决问题的方案，而是更为根本性的转变，是相信问题一开始就能得到解决的信心。

早期信奉这一理念的重要人物也许是一位出生在布鲁克林的飞行员、工程师。他曾在乘坐飞机时掉出机舱，险些丧命，那次经历之后，他开始以革命性视角看待汽车安全问题。

1917 年的一天，时年 22 岁的飞行学员休·德黑文在美国得克萨斯州参加了一期由皇家飞行队监督的空中射击训练，他当时是皇家飞行队的学员。训练过程中出现了严重的失误，德黑文的飞机与另一架参训飞机相撞，他受了严重的内伤，其他参训人员全部遇难。在之后几个月的康复中，德黑文一直在思考这次失事的不同结果。[3] 为什么他幸免于难？信奉神佛之人可能会认为这得益于神佛庇佑。但德黑文的解释与宗教并不沾边，他认为是飞机上的某种设计保护了他。

由于这起事故，德黑文的军旅生涯画上了句号，他转而将发明作为自己的主业。(他申请了一种批量包装报纸的设备的专利，由此在 35 岁左右便发家致富。) 但得克萨斯州那起事故始终在他脑海中挥之不去。他悟出了一个有关交通事故致死的基本事实：无论是飞机、火车还是汽车，在高速碰撞中，交通工具的结构及其对乘客的保护方式对死亡率有着显著影响。德黑文称之为"包装"(packaging)。以一种方式建造飞机的驾驶舱或汽车的底盘，乘客会在撞击中丧生，但以另一种"包装"的方式对其进行保护，乘客就能幸存。

1933 年，德黑文经历了第二起影响他职业生涯的机械事故。在那场可怕的车祸中，仪表盘上的一个旋钮刺穿了司机的头骨。无论在第二起事故后经历了何种创伤后应激障碍，德黑文都将其应用于测试和改进他的"包装理念"。

他从鸡蛋开始。他将厨房改造成了一间碰撞冲击实验室，在地面铺上了几层泡沫橡胶，然后将鸡蛋从 10 英尺高的地方扔到不同层数的泡沫上，记下鸡蛋在哪种情况下受到撞击时不会破裂。后来，厨房的天花板限制了他的实验，于是，他将鸡蛋放置在降低地面撞击力的实验性包装中，站在建筑物上向下扔鸡蛋。（今天，美国许多高中物理课程都以德黑文最初的研究为基础，开展扔鸡蛋比赛。）至 20 世纪 40 年代，他可以确保从 10 层楼的楼顶扔下一枚鸡蛋，而蛋壳丝毫未损。

除了进行鸡蛋下落实验，德黑文还收集了有关车祸的新闻报道，尤其关注有人在高速撞击中幸免于难的案例。他还征集了自杀未遂和其他意外坠落的案例，这些案例的主角从 100 多英尺的高度自由落体却奇迹般生还。他计算了这些撞击的物理性质，最终确定，人体能够承受相当于地球普通重力 200 倍的重力加速度力。如果能避免乘客被方向盘刺穿或者飞出风挡玻璃，高速事故则不一定会致死。德黑文将研究结果收录到一篇发表于 1942 年的论文中，论文题为《从 50 至 150 英尺高度坠落生还的力学分析》。这篇论文集中于 8 个不太可能生还的自由落体幸存者的案例的研究，并记录了每个事件的状况、伤情和重力加速度力。

一名女子从17楼坠下，以类似"甲板躺椅"的姿势坠落了144英尺，落在一个宽24英寸、高18英寸、长10英尺的金属通风箱上。她坠落的力量将通风箱砸出了12至18英寸的深坑。她的两只胳膊和一条腿伸到通风箱外，两只前臂和左肱骨骨折，左脚重伤。她记得摔下和着地时的情景。她头上没有伤痕，也没有昏迷。她坐起来，请求别人把她送回房间。无法确定腹部或胸腔内损伤的情况，X光检查未见其他骨折。平均重力最少增加80克，平均为100克。[4]

德黑文的论文与众不同。通常，奇迹生还的故事会以超大号文字印在小报封面，配以"女子从17楼坠落竟生还！"之类的标题，并详述细节。从表面上看，虽然德黑文的论文像是在为跳楼的人提供建议，但他在论文末尾点明了他的最终目标。

人体可以短时间承受和抵消相当于普通重力200倍的力量，在此期间，力与身体的长轴横向作用。可以合理地假设，减少和分配撞击压力的结构可以提高存活率，并在很大程度上减少飞机和汽车事故带来的伤害。[5]

德黑文以普通驾驶人员可以理解的语言阐释了一个革命性的理念：从物理学上说，两辆时速50英里的汽车相撞，驾驶者不一定会死亡。恰当的"包装"可能会使他们在事故中毫发无损。德黑文的论文标志着一个新领域的发端：损伤科学。用该领域一名后辈的话来说，论文中提出了一个激进的观点："撞击及其造成的伤害并非不可避免，相反，它是可以预测的，因此可以预防。"

德黑文用鸡蛋、代数和剪报来阐述他的论点。但要想说服人们改变传统观念，有时需要另一种方式。在有关汽车安全性的故事中，约翰·斯塔普上校就是一个最佳例证。斯塔普博学多才，是一名外科医生，也是生物物理学家、飞行员。他一度被称为"地球上速度最快的人"。这个绰号略带讽刺意味，因为斯塔普基于对急剧减速的物理学原理的理解，为汽车和飞机安全做出了不可磨灭的贡献。他以"飞毛腿"之名登上头条，但他真正的贡献在于研究突然减速对人体的影响。

1947年11月14日，时年37岁的美国陆军航空医学研究实验室项目官员约翰·斯塔普站在波士顿斯塔特勒酒店宴会厅的讲台上，向军医年度大会发表讲话。他的演讲后来以一篇名为《关于人体突然减速力的人体工程学问题》的短文发表，属于科学史上经常被忽视的一个关键类型：这项研究没有提出新的答案或解释，而是发现了一种值得探索的新问题。简单来说，这个问题是试图弄清楚当人体在几秒或更短的时间内从时速100英里降至0的时候会发生什么。斯塔普指出，这是一个全新的问题，近期的技术发展也许能够回答这个问题。面对医生听众，斯塔普称，这个问题可以从工程学角度有效解决。他解释道："在现代航空需求开始超出人体对加速和减速的耐受力之前，医学界的人对工程学不甚了解，或者不感兴趣，因此无法将其应用于人体生理应力和结构应力分析的问题。"在演讲刚开始的时候,斯塔普概述了这种方法的挑战。

> 对人类工程学家来说,人体是一个薄而柔韧的皮口袋,里面装着13加仑的纤维和胶状材料,不足以由带有关节的骨骼框架支撑。口袋上方是一个骨头盒子,装有凝胶物质,通过骨骼和纤维成分的弹性连接与口袋相连。这个形状不规则的物体的重心取决于4个由骨骼和纤维结构组成的带关节的附属物的位置。由中央泵驱动的低压耐力柔性液压系统将燃料和润滑剂传送到机器的各个部位。由于其形状不规则,材料及成分多样……这台机器的外应力分析相当复杂。[6]

为了应对这种复杂性,有必要超越休·德黑文曾在5年前的开创性论文中作为依据的鸡蛋下落实验及案例研究。"这个问题并不简单,"斯塔普眼里闪烁着光芒,"我们无法把麦克风绑在受试对象身上,再把他从一栋大楼的高层扔到电梯井下,然后假设他的喊叫声与应力的影响成正比。"斯塔普解释道,航空医学研究实验室开发了一项新技术,可以在经历飞机坠落后急剧减速的真实人体和"人体模型"上进行应力分析。他们称之为直线减速器,但随后的大部分机器迭代都使用了另一个更令人难忘的名字:火箭橇。

这个命名恰如其分。这些机器实际上是一组固体火箭燃料发动机,它们串在载有一名乘客的雪橇后面,这名乘客通常垂直坐着,身体被绑在有软垫的椅子上。整个装置在精准对齐的轨道上

第七章 鸡蛋下落实验和火箭橇试验:汽车和工业安全

滑动，以免其随机转向其他任何方向。（该装置没有安装车轮。）制动系统非常强大，可以让一辆时速120英里的雪橇在短短几秒内停下来。早期版本，如斯塔普在航空医学研究实验室首次制造的直线减速器，可能会在200秒内达到最高速度。

斯塔普不仅是一名设计师，还积极使用这款设备。多年来，他经历了肋骨骨折、两次手腕骨折，还曾暂时失明。但每次他乘坐这台装置时，一小组传感器都会忠实地记录他的身体在与巨大的重力对抗时发生的微小变化。这就是应力分析的本质：在这个过程中，如果无法制造出足够精确的撞击实验假人，那么总有真人会承受压力。这就是斯塔普的迷人之处——他既制造应力，又开展分析。

约翰·斯塔普如今为人们所铭记，主要是因为他参与了1954年问世的音速之风1号火箭橇的设计。1954年12月10日，斯塔普在新墨西哥州霍洛曼空军基地的高速测试跑道上创造了历史，他以时速628英里的最高速度驾驶音速之风1号，并在短短1.4秒内骤然停下来。[7]斯塔普的勇气不容小觑。目前尚不清楚在地面以接近音速的速度行驶是否会致命。尽管他被绑在一个王位一样的座位上，并系好了安全装置，但他在测试过程中没有任何面部保护。静止帧捕捉到了在减速的2秒内斯塔普所受的物理作用力。看看他的脸从第一帧到第六帧的不同之处。他似乎在几秒内增加了50磅[①]：当他的脊椎和躯干以惊人的速度缩回时，所有的

---

① 1磅约为453.6克。——编者注

"胶状物质"都在向前涌动。在最后一帧中，他看起来老了20岁，衰老的物理现象似乎像一盘磁带，可以倍速播放（见图7-1）。

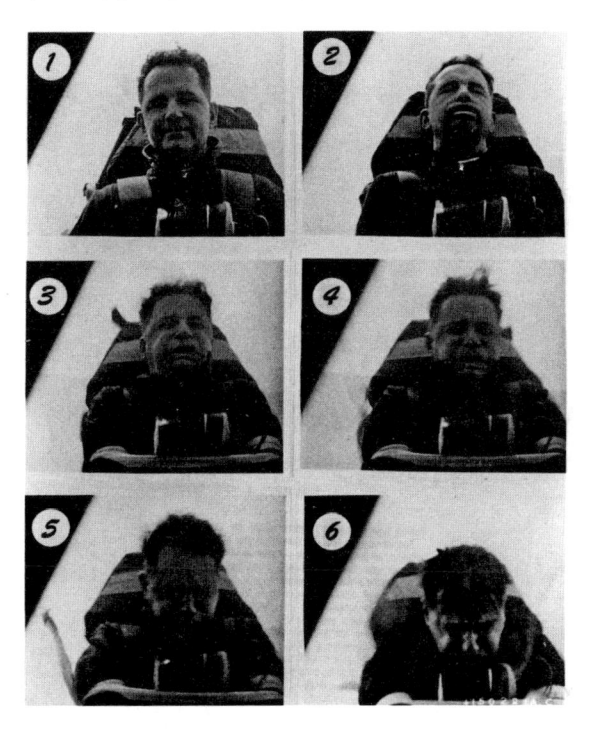

图7-1 约翰·斯塔普的减速测试

从来没有人以这样的速度在陆地上行驶过。在斯塔普传奇的"音速之风"之旅后不久，他登上了当时美国最具影响力的媒体《生活》杂志的封面，被称为"地球上速度最快的人"。这项测试是为航空目的而设计。空军希望了解，考虑到飞行员弹射过程中遭遇的风速，在超声速飞机上安装弹射座椅是否有意义。在这些图像中，答案显而易见。情况不太妙，斯塔普再次暂时失明，脸上也有严重的瘀伤，但实验结束的时候他还活着，也没有永久性损伤。"我眼睛里有一种感觉，"他后来回忆道，"有点儿像是在没有麻醉的情况下拔牙。"[8] 但他活了下来。

对未来 10 年将以超声速飞行的少数人来说，这是个好消息。而对数百万使用更传统出行方式的人来说，这同样是个好消息。如果能在几秒内从时速 600 英里减速到 0 而不造成重大伤害，那么人当然应该能够在时速 60 英里的碰撞中幸存。在空军服役的几年里，斯塔普注意到，他的战友中死于汽车事故的人比死于飞机事故的人多。因此，在 1955 年 5 月，斯塔普邀请了 26 名汽车行业人士访问霍洛曼空军基地，见证火箭橇试验，并讨论如何将研究经验应用于汽车安全。次年，会议再次举行。60 多年过去了，斯塔普汽车碰撞会议仍然是汽车安全专家的主要行业会议。

斯塔普还直接向福特提供了 1956 年版费尔兰维多利亚皇冠的设计建议，这款车的特点是采用了特殊的"救生员安全包装"。（当时的福特高管罗伯特·麦克纳马拉非常关注安全性，他是当时为数不多的对减少车祸死亡率表现出兴趣的汽车行业高管之一。）头一次，汽车制造商以汽车安全记录为竞争指标，而不仅仅是其外形或马力。维多利亚皇冠配备了安全门锁、安全腰带、软垫仪表板、软垫遮阳板和内嵌式方向盘。作为福特更为强劲的竞争对手，通用汽车认为，过度强调驾驶的危险可能会给整个汽车行业带来灾难性的影响。通用汽车威胁要将福特告上法庭。无论出于什么原因，救生员安全包装都没有受到消费者青睐。看着惨淡的销售数据，亨利·福特二世向一名记者抱怨道："麦克纳马拉卖的是安全，而雪佛兰卖的只是汽车。"[9]休·德黑文和约翰·斯塔普用具有说服力的方式打破了一项共识，即简单的物理问题使得我们很难提升汽车事故的安全性。但很快便有一项新的共识取而代之：安全性并不受欢迎。

尽管德黑文和斯塔普做出了顽强的努力，但汽车安全领域首个有意义的突破，也是迄今为止最具影响力的突破并非来自底特律，而是来自瑞典。在20世纪50年代中叶，沃尔沃聘请了一位名叫尼尔斯·博林的航空工程师，他一直在瑞典萨博公司的航空航天部门研究紧急弹射座椅。博林开始尝试一种此前被大多数汽车忽略的设施：安全带。许多汽车在售出时根本没有安全带，而有安全带的车型，其设计也相当糟糕，在车辆发生碰撞时几乎无法提供保护。很少有人使用安全带，孩子也是。

博林借鉴了军用飞行员使用的安全约束方式，很快开发出了他所谓的三点式设计。安全带必须吸收胸部和骨盆上的重力，尽量降低软组织在冲击下的应力，但同时它必须简单易扣，便于孩童操作。博林的设计将肩带和腰带相结合，在乘客的一侧以V形扣在一起，也就是说卡扣本身不会在碰撞中造成伤害。这项设计非常优雅，当今世界上的任何一辆汽车，无论产地是哪里，其安全带都以博林的这项设计为基础。肩带的早期雏形已经使不少实验假人身首异处，这使得一大谣言甚嚣尘上：在撞车时，安全带本身就足以致命。为粉碎谣言，沃尔沃聘请了一名赛车手表演死亡挑战特技，刻意高速旋转汽车，同时全程系博林的三点式安全带以确保安全。

到 1959 年，沃尔沃销售的汽车已将三点式安全带作为标准配置。早期数据表明，仅凭这一项发明就可以将车祸死亡人数减少 75%。三年后，博林获得了美国专利商标局授予的 US3043625A 号专利，这是一种"由两侧下方锚定装置和一侧上方锚定装置组成的三点式安全带系统"。沃尔沃认识到这项技术具备更广泛的人道主义优势，于是没有强制执行这项专利，而是将博林的设计免费提供给全球所有的汽车制造商。这一设计的最终效果相当惊人。三点式安全带拯救了 100 多万人的生命，其中许多是年轻人。在授予专利的几十年之后，博林的专利被认为是 20 世纪"对人类最有意义"的八大专利之一。[10]

尽管美国三大汽车制造商在死亡率降低和专利公开方面有着明确的记录，但在 20 世纪 60 年代前半段，他们仍然拒绝在汽车设计上优先考虑安全性。但最终，他们被迫做出了改变，不是因为鸡蛋下落实验或火箭橇试验，而是由于记者兼律师拉尔夫·纳德。在 2000 年总统选举中扮演"搅局者"之前，纳德最为人所知的是他 1965 年的畅销书《任何速度都不安全：美国汽车设计埋下的危险》。该书开篇就对汽车给社会带来的影响做出了发人深省的评价："半个多世纪以来，汽车导致数百万人伤亡，使他们承受无可估量的悲痛和贫困。"[11] 在书中，纳德赞扬了德黑文和斯塔普富有远见的实验，并严厉批评汽车制造商忽视了他所说的"现有设计和可实现的安全性之间的差距"。在第一章中，他将目光投向了通用汽车的雪佛兰科维尔，他讥讽其容易发生"一车事故",令人印象深刻。(科维尔的悬吊系统的设计相当糟糕,很容易导致司机对汽车失去控制,因此很多时候即便并未与另一辆车有任何接触,也可能自行翻车。)

甚至在那本书出版之前,通用汽车就已经聘请了一名私家侦探来挖纳德的丑闻。纳德在晚上接到了奇怪的电话;女人们试图在咖啡厅勾引他;有人还打着背调的幌子,向他的朋友和同事询问他的性生活和与左翼政治团体往来的情况。最终,通用汽车总裁詹姆斯·洛希被带到参议院一个委员会面前,被迫为其针对这位年轻活动家的骚扰活动公开道歉,这进一步推动了纳德那本书的销售。

对公众舆论的影响,无论是在普罗大众当中还是在联邦政府内部,都反映了几年前沙利度胺危机后的突然转变。主导通用汽车骚扰事件听证会的参议员亚伯拉罕·里比科夫将交通事故称为一种"源于富裕而非危机和动荡的新型社会问题"。[12] 1966年9月,在林登·约翰逊总统的支持下,美国国会通过了《国家交通和机动车辆安全法案》,旨在提供"一个协调一致的国家安全计划,并为州际贸易中的机动车辆建立安全标准,以减少交通事故以及在此类事故中发生的死亡、伤害和财产损失"。该法案从根本上扩大了政府对汽车行业的监管,具有广泛而复杂的影响。最终,美国交通部因此成立。但最重要的一点我们不难理解:第一次,在美国销售的每一辆新车都必须安装安全带。就在10年前,人们还认为安全带既愚蠢又不便,更糟的是,大家觉得它本身就是一种潜在威胁。而现在,它们成了法律。

1966年的法案通过后不久，美国众议院议长约翰·麦科马克将该法案的成功归功于"一个相信自己能有所作为的人的改革精神……这个人就是拉尔夫·纳德"。[13] 在某种程度上，纳德遵循的策略是运用新闻的力量改变公众对重大社会问题的态度，并迫使立法者制定法律来解决这个问题，该策略可以追溯到雅各布·里斯、厄普顿·辛克莱，甚至查尔斯·狄更斯等早期揭丑者。纳德真正的创新是将关注点从工人转向消费者。辛克莱等人瞄准的是工厂和屠宰场以及其他工业时代劳动场所的工作环境。如果他们与底特律当局发生争执，主要议题会涉及流水线工人的工资、工作时间和职业危害等。此外，《任何速度都不安全》一书旨在保护汽车的购买者，而非制造者。纳德的关键贡献在于扮演了一类全新的政治人物，堪称电视时代的弗兰克·莱斯利，他是消费者权益倡导者，运用媒体和法院的力量迫使私营企业生产更安全的产品。

纳德本人对1966年的法案固然起了重要作用，但这场"系好安全带"的运动涉及了更为广泛的参与者。主要参与者同样来自不同的背景，他们中有特立独行的发明家，有无惧无畏的飞行员，有航空工程师，有慷慨激昂的律师，还有美国国会。他们使用了鸡蛋下落实验、火箭橇试验、特技车手和畅销书等不同工具来证明汽车安全性能够得到改善。就这一方面而言，他们所遵循的模式已在前几章中反复出现。真正的改变通常首先需要让人们相信，现有的问题并非不可避免，而制定相应的解决方案则需要以各自工作的内容为基础建立一个多样化的人才网络。

然而，有关汽车安全性的故事中有一点引人注目：汽车行业本身并不在安全带的主要支持者之列。今天，我们对系好安全带习以为常，而在促成这一现象的关键事件中，除了尼尔斯·博林和沃尔沃，再没有来自汽车行业的了。进步并不是通过允许私人部门创新、生产更安全的产品（因为这些产品照理来说应该对消费者具有吸引力）"自然而然"地实现的。相反，进步必须由"局外人"与"敌对势力"进行斗争才能争取来。有些敌对势力是物理问题，而有些则是通用汽车雇用的私人侦探。

当然，安全带只是一系列安全创新中的一项，这些创新现在已经成为车辆标配。在《任何速度都不安全》一书出版后的几十年里，尽管进步仍然由局外人推动，但汽车公司也确实在更加努力地推进自身产品的安全创新。安全气囊最初发明于20世纪50年代，经过许多工程师的改进，直到1989年成为强制性的汽车内部设施。由航空业首创的制动防抱死系统在20世纪90年代成为汽车的标配。像拉尔夫·纳德这样的活动家在继续推动变革。坎迪丝·莱特纳的女儿死于一场酒驾事故，这迫使她成立了反醉驾母亲协会，使与酒精有关的事故大幅减少。名人之死也起了一定作用。在遭遇车祸死亡时，戴安娜王妃坐在奔驰车的后座且未系安全带。之后，英国车辆后座安全带的使用量增长了500%，而在美国则增长了一倍多。

这些发明和干预的总体影响是什么？和汽车刚成为现代生活一部分的时候相比，今天，驾驶者的死亡可能性要低90%以上。詹姆斯·迪恩坐进保时捷敞篷车时，车祸是第三大常见死因。如今，它甚至排不进前十。

第七章　鸡蛋下落实验和火箭橇试验：汽车和工业安全

请看图 7-2，它显示了从 1955 年至 2018 年美国每 1 亿英里里程车祸死亡人数的下降情况。[14]

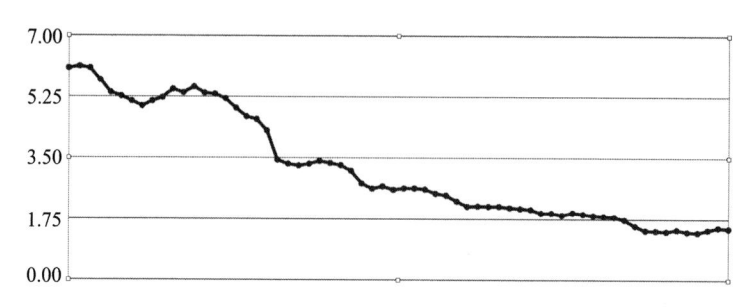

图 7-2　1955 年至 2018 年，美国每 1 亿英里里程车祸死亡人数

死亡率最显著的下降发生在 1966 年的法案通过后的 5 年里，当时安全带的使用越来越普及，全美最高限速降至 55 英里。但这张图最引人注目的是，在接下来的 30 年里，安全方面的改善是稳步而渐进式的，没有突然出现的戏剧性改善。除了极少数的例外，每年都只是比前一年稍安全。如果进步并非源自某个天才发明家或重大的突破，而是凝结了数千人的努力，你就会看到这样的趋势：消费者权益倡导者、行业工程师、政府监管机构、悲痛万分的母亲……各方都从不同的角度提出解决问题的办法。因为每一年都只比前一年好一点点，所以我们从来都没有听说过这种进步。名人之死和其他悲剧性事故继续占据头条，但获救的生命却从未登上头版，因为每一年的变化都很小。但当你回看超过一个世纪的车辆驾驶史时，它们就是奇迹。

这些创新和法律改革归根结底都关乎一件事：如何在发生撞车事故时确保人们的安全？技术已经发生改变，但现在的问题与

1917年休·德黑文开始努力解决的问题相比，并未发生本质上的变化，当时的他还只是一名年轻学员，在一起事故中险些丧命。但最近几年出现了一种新的可能，与20世纪40年代德黑文关于生存能力的观点同样激进。我们能否设计出完全避免事故的汽车？这就是有关自动驾驶汽车的梦想，由机器学习算法和复杂的传感器提供技术支持，帮助汽车以远超人类能力的速度评估不断变化的复杂路况。安全带导致安全性的急剧提升，其本质是理解了车辆相撞的物理学原理。支持者认为，自动驾驶革命将围绕数据展开。有了足够智能的汽车，也许是汽车之间的数字协调，车祸事故可能会像近年来的坠机事件一样罕见。而推动这一全新模式的主要参与者并不在底特律，而是在硅谷，如谷歌、特斯拉这样的公司，这一点或许并不令人意外。

鉴于现实世界驾驶条件的多变性，这场潜在的安全革命需要大量的训练样本，还需要算法决策。保护你的"包装"不仅仅是安全气囊或内嵌式方向盘，还有汽车在正确的时间做出正确选择的能力。特斯拉制造的汽车已经能够监控人类驾驶下车辆行驶的每一英里，记录发生的一切并从中学习。车辆会分析驾驶者在行驶时做出的选择，如为了避开行人而急转弯、通过踩刹车向后车发出倒退的信号、在大雾天气减速等。在此期间，汽车会默默地做出自己的模拟决策，将虚拟驾驶与驾驶者的实际表现进行比较。支持者相信，通过这种研究，随着时间的推移，机器学习能将汽车训练成比我们更好的驾驶者。

即使这种情况真的发生，把我们的驾驶决策权交给一个算法也会造成奇怪的道德困境。如果汽车面临这样一种情况，它必须在危及驾驶员的生命和撞倒两名行人之间做出选择，会发生什么？应该设定它更重视谁的生命？如果自动驾驶革命真的发生，每 10 万英里里程的死亡人数很可能降至接近 0 的水平。但在这个过程中，一些奇怪的事情将会发生：汽车必须具备类似道德的东西。一部分汽车会有更冒进的设置，它们会更愿意冒险。而其他车辆的编程设计则可能将行人的安全置于驾驶者之上。或许这是一种自然进化。我们过去选择一辆车是根据它的尾翼设计，或者其从 0 到 60 的加速情况。但在未来，我们中的一些人可能会根据汽车的道德价值选购汽车。

在自动驾驶的未来，毫无疑问会有这样的极端案例：汽车必须做出一些不可能的决策，在撞死一个人还是另一个人之间做出选择。即便我们的"算法驾驶者"大大减少了人类死亡总数，但这样的事件无疑仍会成为头条新闻并引发众怒。在数百年来人们死于自己发明的机器的历史上，这些事件标志着又一座里程碑。自玛丽·沃德在爱尔兰被蒸汽汽车碾压身亡以来，这样的死亡一直被归类为事故。但是，当机器在自己的决策下杀了人时，这又属于哪个类别呢？

第八章
喂饱世界

饥荒的减少

大约 30 年前，生物学家、复杂性理论家斯图尔特·考夫曼创造了一个短语，用以描述自然和文化系统中有意义的变化的发生方式。考夫曼指出，每一个新的变化，例如两足行走的进化，或者印刷机的发明，都为可能发生的其他变化打开了新的大门。我们的祖先用双脚走路后，双手就得到了解放，这使得他们可以进行其他类型的活动，于是促使人类进化出了对生拇指。印刷机创造了存储和分享科学见解的可能，致使人们发明了页码和脚注等新的引用系统，最终导致几个世纪后超链接概念的出现。考夫曼给这些次级效应起了一个令人印象深刻的名字——"相邻可能"（adjacent possible）。[1] 新的科学突破不仅仅依靠其引入的新功能，还通过其扩展相邻可能的方式改变了世界：新突破创造的横向效应使新的理念突然变得可以想象。1937 年，在万灵丹磺胺危机事件中，要求新药提供疗效证明的 FDA 并不在相邻可能的范围内，因为当时还没有发明随机对照试验。但当弗朗西丝·奥尔德姆·凯尔西开始调查沙利度胺时，她和她的同事们因奥斯汀·布拉德福德·希尔和理查德·多尔的研究而有了更为严格的标准。随机对照试验的发明为实验设计创造了一个新的模板，但它也使一种新的监管干预成为可能。同样，抗生素通过极大降低致命感染的风险，为新的选择性手术打开了大门。

关于相邻可能的奇怪之处在于，乍一看，每一项创新打开的新的大门似乎并不总是那么"相邻"。社会中巨大变化的发生通常是由于一个领域的新理念触发了另一个看似不相干领域的变化。出于可以理解的原因，思想史往往低估了这种因果联系：化学史只关注化学家，而流行病学史只关注流行病学家。但事实是，这些领域引入的新理念总是会跨越学科之间的藩篱。谷登堡发明的印刷机从酿酒商那里借鉴了一项关键技术，即后者开发的一种用以压榨葡萄的螺旋压榨机。酿酒商并不知道自己正在为一场出版革命开辟相邻可能的空间，但最终他们的这项技术实现了这一点。

人类预期寿命的故事与非常多不同类型的创新联系在一起，如统计学、化学、新的政府监管模式，因此，这个故事中存在许多不太可能的因果联系也就不足为奇了，这就相当于酿酒师在无意间协助开启了谷登堡时代的故事在健康领域的对应版本。想一想这个问题：19世纪发现的什么新思想或新技术对20世纪的预期寿命影响最大？有几个显而易见的因素，其中一些我们已经探讨过：法尔的监测和统计学革命、水传播疾病的概念。但你也可以说，最有影响力的观点来自一个更令人惊讶的方面：发现土壤有生命。

我们如何有了这样的理解，这很复杂，但它主要发生在19世纪中叶爆发的一场跨学科活动中。科学家们开始意识到，土壤不只是一堆死气沉沉、毫无变化的碎石。它有着自身的新陈代谢。它需要输入能量和处理废物。在适宜的条件下，它可能会产生惊人的繁殖力；而在不利条件下，它可能会枯萎成没有生命的尘土。众多微生物分布其中，每一种都在我们现在所称的氮循环中发挥着关键作用。

在这个循环中，最重要的环节是氮的"固定"，将大气中的氮转化为植物作为食物的硝酸铵。但问题是，尽管大气中有着丰富的氮，但在标准状态下，它不容易与其他元素结合。在数十亿年的进化过程中，通过固氮生物这种微生物的辛勤劳作，土壤生态系统克服了这一限制。固氮生物将氮转化为氨，氨可以为植物生长提供动力。其他专门分解动植物的微生物也会释放氨。从这个新的角度来看，你会突然发现，土壤就像是一个化工厂，无数的"微型工人"在努力生产硝酸盐，具体而言，就是从稀薄的空气中提取硝酸盐。事实证明，这些知识对由微生物学家、化学家和农学家组成的团队至关重要，他们当时在全力尝试设计一种大规模生产抗生素的方法，以期及时赢得战争。

抗生素革命需要几项关键的突破才能从一种充满希望却又神秘莫测的霉菌变为全球适用的灵丹妙药。其中之一当然是现代土壤科学的发展。那些探索人们脚下看不见的王国的科学家并不知道，他们正在为20世纪最关键的医学创新奠定新的基石。如果你问他们，他们会说自己的研究与医学毫不相干。但相邻可能就是这样，有时，新打开的大门会将你带至意想不到之地。有时，它们会带给你完全不同的视角。

简单的土壤具有复杂的新陈代谢，这一发现将对预期寿命产生另一种稍可预测的影响。土壤是有生命的，这一认识帮助我们抵御感染，同时也帮助我们避免了另一个无处不在的威胁：饥荒。

当第一次世界大战最初的几场战役席卷欧洲和中东时，一些国家报道了当时的中立国伊朗如何应对这场全球混战。1915年5月20日，一名驻德黑兰的美国外交官拉尔夫·G.巴德撰写了一篇报道，对此做出了回应。巴德的报道称，从欧洲进口的商品价值大幅增长，但当地的食品供应基本上没有受到影响。他写道："当地居民的主要饮食是羊肉、米饭和全麦面包，生活成本只略有增加。"但到10月，随着俄国、土耳其和英国争夺该国的控制权，不祥之兆开始出现。美国驻伊朗临时代办杰斐逊·卡弗里报告称，德黑兰街头到处都是排队领取救济的人，糖的价格在几个月内从每磅10美分上涨到每磅超过1美元。

在接下来的一年里，一场席卷伊朗大片地区的严重干旱加剧了原本由外敌入侵给正常粮食分配网络带来的混乱。生于堪萨斯州的律师约翰·劳伦斯·考德威尔是当时的美国驻伊朗大使。1917年，他报告说骚乱已经开始。他警告称："毫无疑问，今年冬天的死亡和饥荒将成倍增加。"后来，考德威尔发出的一封电报记录了物价的惊人涨幅：大米等主食的价格从每磅5美分涨到了每磅2美元。这相当于现在超市中的牛奶卖到了每加仑200美元。（有趣的是，考德威尔指出，主要问题似乎涉及商品的成本，而不是它们的供应。"小麦的价格是每蒲式耳[①]15~20美元，"他说，"不过，在这样的价格下仍有足够的供应。"）[2] 由于伊朗人根本无法负担核心的饮食需求，一场毁灭性的饥荒开始席卷伊朗全国。1918年，美国学院的一位教授给国内发回电报："仅德黑兰就有4万人陷入赤贫。人们吃动物的尸体。妇女遗弃自己尚在襁褓中的孩子。"

[①] 蒲式耳，容积单位，美制1蒲式耳约为35.24升，英制1蒲式耳约为36.37升。——译者注

在这一时期，英国少将 L. C. 邓斯特维尔抵达伊朗，开启了英国对伊朗长达三年的军事占领。他面对的是一个濒临彻底崩溃的国家。他后来在对这段经历的回忆中，满是对人类苦难的真实恐惧。

> 处处都是饥荒的可怕证据，在镇上随便走走就能看到最为骇人的景象。谁也受不了这样的场面，他们只能说："这是神的旨意！"人都死了，也没有旁人尽力帮忙。人们对路上的尸体视而不见，直到尸体腐烂，不得不将其埋葬。有一次，我路过一条主干道时，一个大约 9 岁的男孩横尸路边，显然他是在白天死亡的。他躺在地上，脸埋进泥里。人们从他身旁经过，就好像他只是路上一个普普通通的障碍物。[3]

有证据表明，物价上涨引发饥荒，而物价上涨的一个主要原因是英国军队购买了大量粮食储备，用以满足整个中东地区的军需。在邓斯特维尔的帝国思维中，伊朗街头和乡村闹饥荒的"骇人的景象"似乎证明，这个国家没有能力管理自己的事务。事实上，邓斯特维尔之所以前往伊朗，是为了将伊朗人从英国人促成的危机中"拯救"出来。

1916 年至 1918 年的伊朗大饥荒造成的死亡人数至今仍然是一个有争议的议题。在饥荒的高峰期，德黑兰的人口大概减少了一半，从 40 万人减少到 20 万人。一些历史学家认为，伊朗全国的死亡率高达 50%。其他人认为，在这动荡的三年里，近 20%

的人口死于饥饿。

伊朗大饥荒对该地区的人民造成了毁灭性的影响，但这只是随后 10 年里席卷全球的灾难性饥荒浪潮的开端。在此期间，饥饿导致的死亡人数几乎肯定超过了军事冲突造成的死亡人数。只有流感引发的死亡人数比饥荒更甚。在 20 世纪 20 年代的饥荒中，超过 5 000 万人死亡。引发这些饥荒的原因包括异常气候、战争造成的粮食分配混乱，以及试水的灾难性政策。

这些数据现在对我们来说似乎相当惊人，尽管如此，从总人口的百分比来说，与整个人类历史上的粮食危机相比，这 10 年饥荒的死亡率并不罕见。19 世纪四五十年代，著名的爱尔兰马铃薯饥荒导致该地区大约 1/8 的人口死亡，另有 1/4 的人口被迫移民到世界其他地区寻找食物，主要目的地是美国。我们现在所谓的小冰期始于 14 世纪，它引发了北欧的洪水和异常寒冷的天气，由此造成的饥荒可能夺走了多达 1/3 人口的生命。现在，学者认为，玛雅文明神秘消失的部分原因是公元 1020 年至 1100 年的极端干旱，这场干旱导致了大规模的农作物歉收，最终导致先进的中美洲文明几乎在一夜之间消失。在尼罗河的一个岛屿上发现的象形文字讲述了一场发生在公元前 3000 年埃及国王左塞尔统治期间的长达 7 年的饥荒，以及由此引发的混乱和政治动荡。

大规模饥荒几乎是农业社会不可避免的结果，从最终统计数据来看，在人类历史上，饥荒夺走的生命可能比战争还多。到现代，我们对死亡人数有了合理准确的评估，饥荒似乎确实具有更为致命的力量：1870 年至 1970 年，全球有超过 1.2 亿人死于饥荒，可能比军事冲突造成的死亡人数多数百万。

长期的粮食短缺即便没有引发大规模死亡，也会带来其他更不易为人们察觉的损失。正如美国经济学家罗伯特·W. 福格尔所观察到的，20世纪70年代卢旺达人或印度人的饮食与18世纪和19世纪初大多数欧洲人的饮食相当，这些国家有很大一部分人口长期营养不良。有限的食物供应限制了人们的劳动能力。福格尔写道："在18世纪末，即便有进口作为补充，英国农业的生产力也不足以为80%以上的潜在劳动力提供足够的能量来维持常规体力劳动。"[4] 缺失的能量对人口的整体健康状况也有实质性的影响。在其具有重大影响力的开创性著作《现代型人口增长》中，托马斯·麦基翁将19世纪预期寿命的增长归因于饮食的改善，他认为是农业而非医疗领域的进步引发了"逃离不平等"首次向上的趋势。麦基翁认为："在欧洲，食品供应从17世纪末到19世纪中叶实现了大幅增长。在英国，在无须大量进口食物的情况下，充足的粮食足以养活增长了两倍的人口。"[5]

尽管麦基翁并没有使用非常确切的语言，但实际上他描述的就是一场能源革命。这里所说的能源是指人体消耗的卡路里，而不是蒸汽机所需的能源。即便没有发生大规模饥荒，生活在饥饿边缘的人口由于没有足够的能源摄入来维持基本的新陈代谢，也更容易遭遇机会性感染。当我们谈及19世纪的能源革命时，人们自然会想到蒸汽动力的工厂体系，但在麦基翁的模型中，主要驱动力是"更有效地应用传统方法，如增加土地利用、施肥、冬饲、轮种等，而非与工业化相关的技术和化学措施"[6]。换句说，我们预期寿命的增长是因为我们成了更好的农民，而不是更好的医生。

因为缺乏两个多世纪以前普通人日常饮食的详尽记录，对人口史学家来说，要想评估当时人们的卡路里摄入量就存在挑战。但衡量儿童营养水平的一个关键指标是成年人的身高。在儿童长期营养不良的社会中，成年人的身高比儿童营养充足的社会中成年人的身高矮得多。如果几代人的成年人身高发生快速变化，原因基本上是儿童早期饮食出现变化。（例如，日本千禧一代的平均身高几乎都比他们的祖父母高出一头，这要归因于二战后饮食的改善。）在麦基翁论点的基础上，福格尔提出了证据，表明在1750年至1900年，英国人的平均身高确实增长了约5厘米，这说明，在此期间，人们的饮食确实得到了一些改善。

在那段时间，农业上的改善并不足以让欧洲摆脱由来已久的威胁——大规模饥荒。18世纪80年代末，法国的一场饥荒引发了法国大革命；19世纪末，斯堪的纳维亚半岛的多场饥荒导致数十万人死亡；爱尔兰马铃薯饥荒的受害者超过100万。在全球范围内，饥饿持续导致人类预期寿命的明显下降，直到20世纪70年代。

然后，几乎在一夜之间，人类社会不再受古已有之的饥荒的束缚。从1980年到今天，大约有500万人死于饥荒，而在此前的40年里，这一数字约为5 000万。如果把这一时期的全球人口增长考虑在内，这种下降就更加明显。按人均计算，在过去的5年里，死于饥荒的人数从伊朗大饥荒中的82人每10万人下降到 0.5 人每 10 万人。[7] 小规模的饥荒仍在发生，我们也完全有理由相信，气候变化的长期影响，无论是生态系统的改变还是大规模移民带来的人口混乱，将导致未来几十年内饥荒的增加。但至少在过去的 40 年里，走势还是相当鼓舞人心的。我们成功减少了饥荒造成的死亡人数，与减少结核病造成的死亡人数的效果差不多：我们将其从一种迫在眉睫的威胁以及世界上许多国家不可避免的情形，变成了一个罕见的、只有全世界 1% 的人口需要担心的问题。[8] 这可能只是一种暂时的和平，一旦海平面上升到足够的高度，大规模饥荒可能会卷土重来。但这次"休战"毕竟已经持续了 40 年，而且尚无结束的迹象。讽刺的是，我们与饥荒这一劲敌之间的"和平"至少在一定程度上是由与战争相关的技术促成的。

千百年来，地球上的所有植物一直以硝酸铵作为天然肥料来支持其生长。但在大约一千年前，中国首次测试了硝酸铵的"化学近亲"硝酸钾的爆炸威力，自此，硝酸铵就有了一种全新的用途。硝酸钾俗称硝石，是火药的主要成分。氮的首次分离和命名是在 18 世纪 70 年代，当时，化学正处于快速发展期。（氧气也是在人们发现氮之后的一年内被发现的。）到 19 世纪，人们已经清楚地知道，硝酸盐可以用来促进植物的生长和炸毁东西。（恐怖组织仍在使用硝酸铵炸弹，最臭名昭著的是 1995 年俄克拉何马城爆炸案。）但制造硝酸盐的能力还没有成为邻近可能的一部分。不管是在战争中还是在自家花园里，对想要使用硝酸盐的人来说，唯一可行的选择就是找到这种化学物质的天然储备。这就是为什么海鸟和蝙蝠的粪便成了19世纪最昂贵的商品之一。

一千多年来，秘鲁沿海的居民定期航行，从附近岛屿的岩石地带刮下他们所说的海鸟粪。海鸟的粪便把原本贫瘠的沙漠变成了一片充满生机的土地。印加帝国将海鸟粪运往整个南美洲，以提高作物产量。19世纪初，欧洲人终于认识到海鸟粪的商业价值，而此前几个世纪，比起蝙蝠和海鸟的粪便，他们更关注南美洲的金银。1840年，秘鲁人在探索该国太平洋沿岸的钦查群岛时，有了一项可堪与神话中的黄金国相媲美的发现：鸟粪堆成了150多英尺高的山丘，这是迄今发现的储量最大的硝酸盐。在这一点上，我们完全可以说，世界真的疯了。整个地区被殖民，自然生态系统被扰乱，战争此起彼伏。世界各地的农民使用秘鲁鸟粪来增加土壤肥力。在美国南北战争期间，来自美国洞穴的蝙蝠粪是南部邦联军火药的主要来源。[9]

海鸟粪带来的繁荣不可避免地会走向衰亡，因为蝙蝠和鸟类根本无法产生足够的粪便来满足人类的需求。在第一次世界大战爆发前的几年里，德国日益担忧自己是否有能力制造足够的炸弹来打击欧洲的对手。限制因素是最初来源于鸟粪的硝酸盐供应量不断减少。德国化学家弗里茨·哈伯开始在实验室研究合成硝酸盐的方法，到1908年，他已经完善了一种可以在不依赖固氮生物或海鸟的情况下生产硝酸铵的系统。这是一流的"炼金术"——仅用空气和热量（以及铁催化剂）就创造出了一种有价值的商品。德国工业化学家、实业家卡尔·博施随后设计了一个可以大规模复制这一生产过程的系统，工厂得以生产成吨的硝酸铵。目前尚不清楚，如果哈伯和博施没有合作发现并扩大人工固氮技术，一战期间可能会避免多少人死亡，可能有数十万，甚至更多。

尽管如此，氮还有一种奇怪的特性：它对农民和炸弹制造者同样有用。一旦硝酸盐实现工厂化生产，农业就不再依赖天然肥沃的土壤或蝙蝠粪。无论多没生机的土地，只要补充了硝酸盐，都能够启动其土壤生态系统。探究如何制造更多炸弹却最终帮助我们得到了一个全新的概念：人工肥料。这只是一个概念上的小飞跃，但它对20世纪的影响是无与伦比的。没有一项发现像哈伯的人工合成氨那样对人口的爆炸性增长产生如此大的影响。哈伯进行首次实验时，地球上大约有20亿人。目前，全球有77亿人。[①] 然而，尽管人口实现了爆炸性增长，饥饿率和慢性营养不良发生率却大幅下降。曾经在一年之内导致数千万人死亡的大规模饥荒已经完全消除。哈伯-博施法，以及随后被称为绿色革命的创新，极大提高了农业生产率，突破了其对人口的限制。从英国人口学家马尔萨斯到美国生物学家保罗·埃尔利希在1968年出版的《人口爆炸》一书中对世界末日的预测，都对这种限制表达了忧虑。今天，农田约占地球表面的15%。但如果农作物产量保持在1900年的水平，那么今天地球上一半以上的无冰土地将不得不用于农业，其中大部分土地的土壤如果没有人工肥料就

---

① 这是本书英文版2021年出版时的全球总人口数据。——编者注

无法支持集约农业。与根除天花的故事一样，全球性机构也发挥了关键作用。当冲突地区或自然灾害地区出现暂时性粮食短缺时，获得2020年诺贝尔和平奖的世界粮食计划署等组织就会进行干预，防止出现类似100年前伊朗爆发的灾难性饥荒。

然而，20世纪人类与饥饿和大规模饥荒的斗争并不完全是在土地上进行的，还涉及畜牧业的一场有争议的革命。现在，批评者嘲讽其为"工厂化养殖"。在所有动物中，鸡最能体现这场革命的宏大规模。现在想来似乎很奇怪，因为在今天，鸡肉已成为世界各地的主食，在美国的快餐菜单上，鸡肉占据了头把交椅，更突显了其主食的地位，但直到20世纪头几十年，人们饲养鸡主要是为了产蛋，而不是为了吃肉。许多家庭都有自己的鸡舍，只有当其中某只鸡因为产蛋不够多而被宰杀时，鸡肉才会被端上餐桌。

改变鸡肉在我们饮食中的角色的初始诱因之一是一个简单的打字错误和一位偶然出现的企业家。20世纪20年代初，在特拉华州萨塞克斯县，一位名叫塞茜尔·斯蒂尔的年轻女子在自家农场里养了一小群蛋鸡，主要是为了给家里供应鸡蛋，不过她偶尔也会卖掉多余的鸡蛋来赚点儿外快。每年春天，她都会从当地的孵化场额外订购50只小鸡。但在1923年春天，孵化场犯了个错误，给她的订单多加了一个0。500只小鸡出现在斯蒂尔的门口，令她吃惊不已。如果是不那么富有胆识的顾客就会退掉多余的供货，但斯蒂尔在看到那些小鸡时产生了一个想法。她把它们存放在一个空钢琴盒里,又请了一名伐木工人为它们修建了一个足够大的新棚子。斯蒂尔用新发明的饲料添加剂喂肥了这些鸡仔,等它们长到2磅时,她以每磅62美分的价格卖掉了387只,赚取了一笔可观的利润。第二年,她有意将订货量增加到1 000只,并开始扩大农场的设施。在此之前,餐馆或连锁杂货店购买的大多数都是老母鸡,适合炖。斯蒂尔饲养的是仔鸡,肉质更嫩,更适合油炸。

在那500只鸡仔宿命般地被送到斯蒂尔家门口的5年后,她建立了首批工厂化养鸡场之一,在一年内饲养和销售了2.6万只鸡。几年之内,这个数字就增长到25万。该地区数百名农民关注到斯蒂尔的成功,纷纷效仿她开办家禽养殖场。他们发现,肉鸡能比牛或猪更有效地生产蛋白质;它们所需要的空间要小得多,而且在短短几周内就能长到市场上需要的大小,而养牛可能需要一年多的时间。

到20世纪50年代,家禽业发现,给鸡喂食添加了抗生素的维生素D补充剂可以让它们在室内生活,无须到室外接受光照——不久后,多达3万只鸡便挤在工业规模的笼子里,鸡笼小得连展翅的空间都没有。结果是鸡肉生产效率的显著提高——用2磅谷物便能生产1磅鸡肉,而生产1磅牛肉需要7磅谷物。这种效率催生了一位作家所说的"供给侧食品经济学的大规模全国性实验"[10]:市场上充斥的廉价鸡肉很快就进入了人们的日常饮食。肯德基等快餐连锁店数量激增。1983年,麦当劳将麦乐鸡添加到其全球菜单中,不久之前,由于对心脏病和脂肪之间的关联有所担忧,美国参议院营养问题特别委员会建议美国人"少吃

第八章 喂饱世界:饥荒的减少

红肉，多吃禽类和鱼类"。如今，美国人平均每年吃90磅以上的鸡肉。在为全球爆炸性人口提供食物方面，工业化家禽生产发挥了关键作用。1970年，巴西生产了217吨鸡肉；如今，其产量约为1.3万吨。在过去20年里，中国和印度的鸡肉产量都增长了10倍以上。[11]

但这种转变的规模或许最好用一个单一数据点来衡量：全球鸡的总数。地球上数量最多的野生鸟类是非洲红嘴奎利亚雀，数量约为15亿只。在任何给定时刻，都有约230亿只活鸡存在，而人类每年消费的鸡超过600亿只。（第二个数字要大得多，这是因为鸡只存活几个月就会被宰杀。）现在，地球上的鸡比其他所有鸟类的总和还要多。在过去的一个世纪里，鸡的数量增长率远远超过了人类。当然，这两个增长率是从根本上联系在一起的：我们可以养活地球上的70多亿人，部分原因是人们每年要吃掉超过600亿只鸡。

事实上，全球鸡的数量相当庞大，因此现在的学者普遍认为，当数千年以后的考古学家挖掘所谓人类世时代（也就是人类开始改变地球的时代）的遗迹时，他们会将所有家禽的遗骸作为这一时期的关键标志。毫无疑问，他们还将发掘到人类文明的其他证据，如不可生物降解的塑料袋、被掩埋的城市等。但对未来的考古学家来说，智人的骸骨将会是"马后炮"式的发现。在世界各地的垃圾填埋场里，这一时期最具代表性的生物特征将是鸡骨头。

20世纪农业革命的影响——土壤肥力的提高和孵化出数量

庞大的鸡的工厂化养殖技术令人大为震惊。专家认为，农业革命使地球的承载能力翻了一番，也就是说，如果没有这些突破，地球上的77亿人口中，有一半没有机会出生，或者很早以前就已饿死。剩余的无数人口能活下来，但其新陈代谢能力处于最低水平，几乎无法正常运作。50年前，生活在发展中国家的1/3以上人口长期营养不良。今天，这个数字只略超过10%（见图8-1）。

这是联合国粮农组织的主要饥饿指标。它衡量的是摄入能量不足以满足积极健康生活所需能量（根据最低膳食能量需求定义）的人口比例。1990年后的数据已在联合国粮农组织的估计范围内得到确认。1970年至1989年的早期估计则要不确定得多。

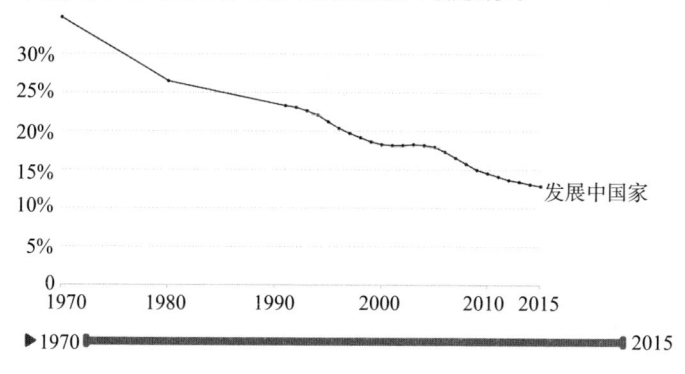

图8-1 发展中国家1970—2015年的营养不良发生率
资料来源：FAO and ESS Indicators。

多年来，罗伯特·福格尔有一个令人信服的论断：营养的增加可以创造"技术生理演化"的正反馈循环——新的科学突破增加了人类的卡路里摄入量，为其工作和经济生产力提供了更多的能量，这就导致了更多的创新，从而进一步增加了卡路里的摄入量。自二战以来，世界上许多经济增长率尤为惊人的地区（其中很多位于亚洲）的卡路里摄入量已经从接近饥饿的水平提升至与现代欧洲人相当的水平，这绝非偶然。

摆脱饥饿是20世纪的伟大成就之一，但并非没有代价。人工肥料的生产消耗了世界5%的天然气供应；从农田流出的人工肥料在河流三角洲附近的海水中造成了大量的死亡区域，因为硝酸盐剥夺了海洋生物赖以生存的充足氧气。在我撰写本书之时，墨西哥湾超过8 000平方英里的区域被认为完全没有生命，这是有史以来最大的死亡区之一。一个拥有约230亿只鸡的星球还在进行一项史无前例的大规模实验，无意中滋生了新的禽流感毒株。2007年引发全球恐慌的H1N5病毒部分是通过鸡传播的。如果未来几年出现另一场疫情，其破坏性甚至比新冠疫情更大，那么，地球上数量众多的鸡，以及生产这些鸡的工厂化养殖系统很可能就是此次疫情的源头。

即便地球上的77亿人最终并没有感染新的疾病，他们的存在也会给地球带来额外的压力，无论是在环境破坏方面，还是在温室气体排放方面。我们之所以面临全球气候变化危机，不仅是因为我们采用了工业生活方式，还因为我们掌握了新的技术，使人们不会死于大规模饥荒或者生活在饥饿的边缘。其中一些技术碰巧有一些不太可能的起源，如蝙蝠粪便和炸弹制造、一份偶然出错的鸡仔订单等，而它们最终带来了不可思议的效果——数十亿人摆脱了饥饿和饥荒，地球正在努力应对这种失控增长的次级效应。

结语　再访波拉岛

本书始于两张简单的图：其中一张图将过去四个世纪里数百万人的寿命显示为一条向右上移动的线条，而另一张图则记录了过去两个世纪儿童死亡率的急剧下降。

但这些图呈现的是平均值，而非分布情况。如果我们看不平等情况，即预期寿命的梯度而非平均值，这一数据还是相当鼓舞人心的。1875 年，正当"逃离不平等"现象开始出现在英国工人阶级中时，英国最富有的群体与其他群体之间的预期寿命相差 17 岁之多。今天，差距仍然存在，但只有 4 岁，是过去的一小部分。美国的健康数据也显示了类似的情况：过去一个世纪，白人和非裔美国人的预期寿命差距大幅缩小，只有不到 4 岁。1900 年，就在杜波依斯首次记录种族主义对健康状况的影响之后，当时的差距将近 15 岁。

但可以说，最令人鼓舞的是图 9-1 记录的过去近 70 年的趋势。

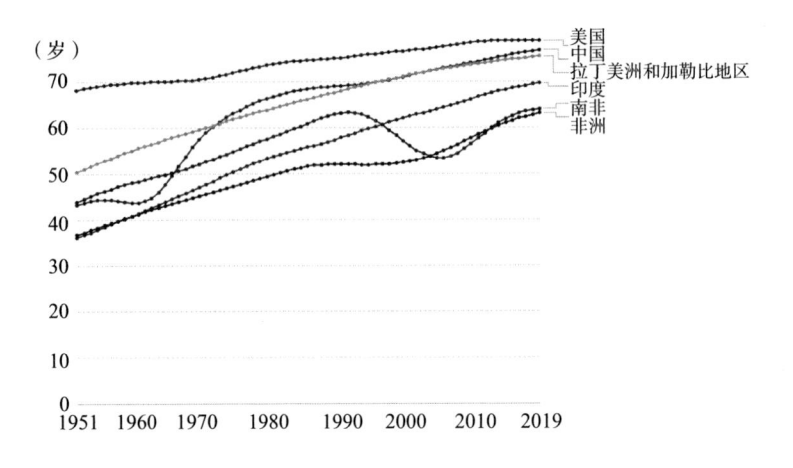

(岁)
美国
中国
拉丁美洲和加勒比地区
印度
南非
非洲

图 9-1　1951—2019 年出生人口的预期寿命
资料来源：Our World in Data。

在过去的 30 年里，我们曾经所说的工业化国家和前工业化国家之间的差距，也就是我们现在通常所说的西方国家和全球南方之间的差距，一直在以人口学历史上闻所未闻的速度缩小。瑞典用了 150 年时间将儿童死亡率从 30% 降低到 1% 以下。战后的韩国在短短 45 年内完成了同样的壮举。第二次世界大战结束时，印度人的预期寿命仍然停留在 35 岁这一长期存在的"天花板"。如今，印度人的预期寿命已超 70 岁。1951 年，中国与美国的差距是 20 多岁，而今天只差 4 岁。西方国家的许多居民认为，过去几十年是一个不平等加剧的时代，事实上，在这些西方国家尤其是美国，经济成果一直是赢家通吃。但当你放眼全球时，情况正好相反：这是一个日益平等的时代。梯度正在变小。

不平等的缩小既体现在健康结果方面，也体现在收入上。[1]

和英美在第一波浪潮中的发展相比,全球南方的财富以更快的速度增长。中国正在积极推动这些增长,印度次之。而在过去的10年里,随着艾滋病毒危机开始消退,非洲表现出了令人鼓舞的韧性。许多人怀疑,西方和全球南方之间的差距建立在一种全球零和游戏的基础之上,在这种全球体系中,只有世界上一半的人生活在赤贫之中才能实现西方的财富和长寿。"发达"国家的成功依赖于剥削"不发达"国家的资源和劳动力。在奴隶贸易和殖民主义的鼎盛时期,这可能确实是动力的一部分,但现在似乎不再如此。

几乎可以肯定的是,全球南方在经济和健康领域的进步是一种共生关系。在这一方面,这些不太富裕的国家正在经历诺贝尔奖得主罗伯特·福格尔在19世纪的欧洲社会观察到的相同的技术生理演化。让全人类远离饥饿和慢性疾病带来的衰弱状态,首次使劳动力获得了足够为经济做出贡献的新陈代谢能量。这反过来又提高了人类的生活水平,改善了其健康状况,并创造了更多的能量,可以用于创造收入的劳动力。

福格尔说:"要说有什么让20世纪有别于过去的话,那就是下层阶级寿命的大幅增长。"[2] 很少有比寿命的延长更为明确的进步。理性的人可以否认我们所谓的社会进步的其他大多数特征:口袋里有超级计算机,我们真的会过得更好吗?对20世纪以前的文明中更适于步行的群体而言,以汽车为基础的文化,即便更加安全,真的是一种进步吗?但如果孩子们不再在两岁时死于天花或在20岁时命丧于车祸,人们就很难忽视这些成就。然而，由于它们是逐年积累的效果，是无数项干预措施移除杰斐逊的灾难列表中条目的聚集效应，因此很容易被忽视。这种进展很难察觉，不仅是因为进展缓慢，还因为从定义上讲，它是以"非事件"的形式出现的，也就是说，一个世纪以前可能会发生的死亡被完全避免了。每当我们服用抗生素抵御了难以消退的感染症状，或者因为制动防抱死系统避免了车祸的发生，我们继续着自己的生活，几乎完全没有注意到刚刚发生了什么。但在另一个时间线上，如果没有这些保护措施，我们很可能已经不复存在。

尽管这些干预措施意义重大，值得称赞，但它们不应成为我们袖手旁观、任其发展的借口。灾难列表还有很多页。几年前，纽约大学朗格尼医学中心开发了一个在线工具，可以用来比较美国不同人口普查区的平均预期寿命——威廉·法尔为伦敦、利物浦和萨里郡创建的生命表在数字时代的"后裔"。[3] 我所住的布鲁克林平均寿命为82岁，略高于美国总体平均水平。但就在20个街区之外，在较为贫穷、以非裔美国人为主的布朗斯维尔，平均寿命为73岁。这是我们所能想象的最基本的不平等形式：一个街区的人比他们的近邻多活了近10年。这种不平等最早由威廉·法尔和杜波依斯在一个多世纪以前提出。新冠疫情为美国在健康领域的不平等提供了新的残酷证据。在纽约，非裔美国人死于这种疾病的概率是白人的两倍。在芝加哥，非裔美国人占城市总人口的29%，而在与新冠肺炎相关的死亡中，他们却占70%。在美国之外，2014年西非暴发的埃博拉疫情提醒人们，世界上许多最贫穷或最饱受战争蹂躏的国家仍然是健康伙伴[1]创始人保罗·法默所说的"临床沙漠",这些地区缺乏呼吸机、透析机、输血能力等基本的支持性医疗基础设施。马丁·路德·金在1966年的一次演讲中说:"在所有的不平等中,健康方面的不平等是最令人震惊和最不人道的。"半个多世纪过去了,我们仍在与这种不平等做斗争。

这一切都意味着,当我们思考进步时,无论是以健康还是以其他任何衡量标准,我们的关键任务是同时从两个角度看待数据:研究过去的趋势,从而了解哪些趋势推动了进步,并在此过程中受到成功案例的启发;考虑到当前的潜力,密切关注当下所有表现不佳的方面。目前,哪些构成邻近可能一部分的技术或干预措施有可能进一步降低死亡率?的确,回到20世纪70年代,住在布朗斯维尔的布鲁克林人的预期寿命可能会缩短10岁,因此,我们一方面应当庆祝自20世纪70年代以来社区取得的进步,另一方面,应当致力于消除差距,即现阶段布朗斯维尔和布鲁克林之间相差的预期寿命——10岁。仅仅提醒自己有可能取得这样的进步是不够的,搞清楚接下来的工作同样重要。

本书的大部分内容都在讲述健康领域的一个个进步背后的具

---

[1] 健康伙伴(简称PIH),1987年由保罗·法默和奥费利娅·达尔设立于海地。该组织最初专注于治疗海地农村的艾滋病毒携带者和艾滋病患者,现逐步发展为在癌症和慢性病、儿童健康、应急响应、艾滋病毒/艾滋病、孕产妇健康、心理健康和结核病等领域提供护理并加强公共卫生系统的公益组织。——译者注

体故事，描绘了带来进步的各个网络。但如果我们将这些重大突破作为一个整体来看待，会发生什么？回顾一下我们在本书开头对拯救生命的创新的排名。

拯救了数百万人生命的创新：

艾滋病鸡尾酒疗法

麻醉

血管成形术

抗疟药

心肺复苏

胰岛素

肾透析

口服补液疗法

起搏器

放射学

制冷

安全带

拯救了数亿人生命的创新：

抗生素

分叉针头

输血

加氯处理

巴氏杀菌

拯救了数十亿人生命的创新：
人工肥料
马桶 / 下水道
疫苗

这座创新"万神殿"最引人注目的一点是，它们很少来自私人部门。就最初的突破本身而言，很少有专门作为一家营利公司创造的专利性进步出现的。有一个例外值得特别注意，那就是尼尔斯·博林为沃尔沃设计的三点式安全带。但正如我们所见，安全带成功的原因之一是沃尔沃将其作为公开专利向世界公布。当然，大多数汽车企业不得不将安全带作为其所有产品的默认选项。这份"福祉清单"中的大多数项目都出现在私人部门之外——学术研究领域（想想亚历山大·弗莱明和邓恩学院），富有进取心的医生的工作中（想想爱德华·詹纳和挤奶女工），或者在危机中努力寻求解决方案的实地工作者拼尽全力取得的创新（想想迪利普·马哈拉纳比斯和孟加拉国的霍乱疫情）。

在许多这样的案例中，私营企业的确在推广最初由公共部门开发的创新方面发挥了重要作用。当科学家和美国军方将青霉素从神秘霉菌变为有效药物之时，默克公司和辉瑞公司协助改进了大规模生产青霉素的技术。继青霉素之后，这些公司和众多企业一道继续发现并量产其他种类的抗生素。胰岛素的发现和应用便属于此类故事。这种药物最初由多伦多大学的一组科学家发现并用于治疗糖尿病，以公开专利的形式向全世界公布，与沃尔沃汽车的安全带专利类似。但今天绝大多数糖尿病患者使用的是一种由希望之城国家医疗中心[①]的研究人员和私营制药公司基因泰克合作开发的合成胰岛素。如今，大型制药公司销售的都是合法药物，而不是帕克-戴维斯目录中骗人的万灵药，这种模式似乎越来越普遍：延长寿命的核心理念出现在一些公共部门的研究人员中，通常会受到来自其他领域的理念的影响，但理念的普及取决于私人部门的生产和分销平台。

即便近年来健康领域取得的进步越来越依赖公私合作关系，但事实上，在人类延长的两万天寿命中，绝大部分要归功于非市场创新。当今时代常将创新与企业家的冒险精神和自由市场的创造力混为一谈，而预期寿命的历史能够纠正这种误解——在过去的几个世纪里，我们取得的最重要、最无可争辩的进步并非来自大公司或初创企业；相反，它来自致力于改革的活动人士，来自高校科学家公开分享他们的发现，来自非营利机构在世界各地的低收入国家传播新的科学突破。未来几十年，随着私营企业开始探索免疫疗法的新方法，或将机器学习应用于药物发现，这一比例可能会发生变化。但是，要说人类预期寿命翻番的历史有何借鉴意义的话，我们还是需要公共选择我们这边。

[①] 希望之城国家医疗中心成立于1913年，位于美国洛杉矶，是美国非营利研究和治疗中心。——译者注

我们也不应忽视那些不那么具象的创新，如法尔的死亡率报告，希尔的随机对照试验。我认为，这类创新可以分为以下六大类。

观察的方式。显微镜和医学成像技术让我们能够直接看到夺人性命的病原体和流氓细胞，从而帮助我们想出对抗它们的新方法。而约翰·斯诺绘制的宽街疫情地图和威廉·福奇在利比里亚匆忙发明的"包围接种"技术也是如此。事实证明，以鸟瞰视角观察疫情暴发的地理分布和透过显微镜镜头的近距离观察同样重要。

计算的方式。威廉·法尔是一名医生，但在他的职业生涯中，挽救的绝大部分生命都与其从事的数字相关工作有关：跟踪和记录城市人口密度与死亡率之间的因果关系，汇编数据来帮助斯诺推翻了瘴气理论。

试验的方式。我们无法将随机对照试验放在科学博物馆里展出，但这种方法赋予了人类区分真假药物的超能力，这种能力同一切神奇药物或功能磁共振成像仪器一样具有革命性。随后，政府监管机构就可以利用随机对照试验对市场进行限制，迫使其只能销售真药，而售卖假药的小贩只能退出市场。在一定程度上，这些突破由新的统计方法推动，但也涉及像 FDA 这样的新的监管机构的设立。

联结的方式。扩大网络并不总是对预期寿命有积极影响。想想哥伦布大交换期间天花造成的灾难性死亡人数吧。但也想一想国际舞台上各种思想交融，使玛丽·蒙塔古让自己的儿子接种，并从君士坦丁堡带回了神秘的人痘接种术。或者想想青霉素的国际之旅。1941年2月12日，弗洛里和希特利给阿尔伯特·亚历山大注射了首支200毫克青霉素。到7月，由于沃伦·韦弗和洛克菲勒基金会之间的关系，他们已经登上了飞往纽约的飞机。此后不久，他们在艾奥瓦州的玉米地里摆弄着一桶桶发酵的玉米浆。如果他们的理念不能快速而精准地传播，抗生素可能就无法及时被研发出来并在战争中发挥作用。

发现的方式。抗生素革命始于弗莱明偶然发现青霉素并通过国际合作生产青霉素，但最后需要从军方和制药公司搜集的所有土壤样本中寻找其他可能有效对抗致命细菌的微生物。在20世纪，由大型制药公司创建的研发实验室赋予了医学类似的探索能力：测试千百种千奇百怪的化合物，在其中寻找"神奇子弹"。

传播的方式。18世纪，疫苗作为一种医疗干预手段发挥了作用，但"福音传道者"通过像狄更斯的《家常话》周刊这样的大众媒体才使其为公众所接受。巴斯德在19世纪60年代偶然发现了一种保障牛奶安全的可靠技术，但内森·施特劳斯的牛奶仓库及其在宣传方面的才智才使巴氏杀菌牛奶成为行业标准。

我们并未对这类创新加以称颂，原因有很多。17世纪60年代，约翰·格朗特在烛火照耀下研究死亡率报告；法尔构想了如何将稠密的城市人口对死亡率的影响呈现出来；奥斯汀·布拉德福德·希尔和理查德·多尔把握住了临床研究中随机试验的重要性。以上都是和数据有关的新突破。这些突破没有产生令人瞩目的新装置，也没有为其创造者带来巨额财富，它们对日常生活施以微妙而间接的影响。但从长远来看，它们帮助全世界数十亿人从死亡的魔掌中逃脱，为我们发现无数其他更为直接的健康干预措施创建了平台。如今，我们可以通过某种神奇药物、一类新型手术或一台功能磁共振成像仪器来延长寿命，也可以通过对数据进行处理、公开支持一种新的疗法或创建促成新型全球合作的机构来实现这一目标。

  一个完美的例子诠释了无形的元创新如何发挥作用，那就是我们以前所未有的速度开发出了安全有效的新冠病毒疫苗。是的，最终的结果是可注射的疫苗这样的实物，但在许多情况下，使之成为可能的诸多创新都涉及数据收集和共享的新方式。在2019年最后几周，当新冠病毒出现在中国时，这种微生物仅在短短几周之内就被识别出来。（相比之下，就在40年前，也就是艾滋病大流行开始的时候，人们花了三年时间才识别出艾滋病毒。）在发现冠状病毒的几天内，人类就已完成病毒的基因组测序，基因图谱也已与全世界的研究实验室共享。有了遗传信息，科学家们便能够在大约48小时内搭建起新冠病毒疫苗的基本架构。在许多方面，正是由于初始信息共享的惊人速度，莫德纳和辉瑞等公司才能够在2020年年底之前推出有效的疫苗，这一速度甚至超出了最乐观的卫生官员的预期。假如新冠病毒出现在几十年前，科学家们就会花上三年的时间才能对其进行识别。

  哪些创新将会谱写人类预期寿命故事的新篇章？在低收入国家，约翰·斯诺在约两个世纪前首次发现的水传播疾病这一宿敌，目前仍然是仅次于心脏病的第二大常见死因。由于水传播疾病通常容易引发幼儿死亡（而心脏病几乎都出现在老年阶段），因此它对总体预期寿命的影响最大。在缺乏大规模垃圾清运基础设施资源——如巴泽尔杰特的下水道——的社区，最佳的方法是重新设计厕所。2017年，比尔及梅琳达·盖茨基金会开始在印度和南非测试一种新型的独立厕所——它不与任何下水道、水管或电力连接。作为一个闭环，它收集人类排泄物，然后将其作为燃料燃烧，利用这个过程产生的能量来对水进行消毒。这台设备的运行成本每天只需5美分。[4]

在世界低收入国家采取的另一项重大干预措施则是根除疟疾。当被问及最令人恐惧的生物时，人们通常会想到鲨鱼和蛇，但在人类历史上，没有哪种多细胞生物造成的死亡比蚊子更多。世界卫生组织估计，每年有超过2亿人感染由通过蚊子叮咬传播的疟原虫属寄生虫引发的疟疾，并有50万人死于这种疾病，其中大多数是幼儿。[5]但现在，仅有少数几个非洲国家是这一疾病的重灾区，由于使用了经杀虫剂处理的蚊帐以及新的抗疟疾药物，死亡人数已经大幅减少。与病毒相比，蚊子可以传播较远的距离，导致消灭天花的包围接种法不容易应用于疟疾问题。科学家们现在正在探索一种依靠基因驱动技术根除疟疾的新方法，这是一种新兴的基因工程形式，通过改变特定等位基因遗传给后代的概率，迫使一种特征在种群中传播。（在正常生物体中，每个等位基因都有50%的遗传概率；增加这些概率，有问题的特征就会在种群中迅速传播，特别是对繁殖周期以天为单位的生物。）最具争议的办法是通过遗传一种会导致下一代不育的特征来减少蚊子的数量，即便不能完全根除，也能大幅减少野外蚊子的总数。[6]另一种方法是传播一种突变基因，使蚊子对疟原虫产生抵抗力。

传染病在高收入国家越来越少见，主要的死因已经转为心脏病、阿尔茨海默病等老龄人口所患的慢性疾病。1900年时，癌症只是第八大死因，致死人数远远不如胃肠道感染和肺结核等相对轻微的疾病——而今已经跌出前二十。在未来的某个时间，癌症将首次取代心脏病，成为美国的第一大死因。然而，在令人沮丧的漫长抗癌历史中，由于新免疫疗法的出现，过去几年是最激动人心的时期。

与19世纪最大的杀手霍乱或天花不同，癌症并非由于体外的微生物侵入身体而产生。尽管有些癌症似乎的确由病毒诱发，但癌细胞就是人体细胞。这些细胞并非受入侵者"劫持"，从而为其特定的进化目标服务。癌症就是通过细胞分裂进行自我繁殖的，这是每个细胞生命周期的一部分。只不过癌细胞遗传指令中的乱码导致其无法停止分裂，因此它们成了流氓细胞。近一个世纪以来，我们已经认识到了这些顽固的分裂细胞会发生失控式增长。而我们没有意识到的是，细胞不惜一切代价自我繁殖的情况非常普遍。我们所说的癌症无时无刻不在人体内发生，但现代免疫学已经清楚地表明，这些不服从指令的行为不断被免疫系统的第一反应者制止。在绝大多数情况下，这种制止都是有效的。细胞拒绝死亡，免疫系统蜂拥而至，以确保其遵守指令。

但时不时地，有的细胞会释放让免疫系统的T淋巴细胞立即撤回的信号,从而阻止其发挥作用。在恢复伤口时,人体细胞通常会以癌细胞的速度生长——需要修复的组织迫使细胞在更长的时间内以更快的速度分裂。免疫系统之所以允许这种增长出现,是因为细胞释放了一种信号,激活了 T 细胞上一种名为 CTLA-4[①] 的分子。[7]通过激活 CTLA-4,癌细胞有效地向抗体传递了一条信息:"我只是在正常复制,修复受伤的组织,没有必要制止我。"因此,故意颠覆这一信号的含义是癌症最大的把戏。也就是说,癌症致死的原因是人体细胞学会了撒谎。

尽管人类作为有机体与体内生长的癌症(实际上是人体的一部分)有着密切的联系,但我们从一开始就将肿瘤视为入侵者,需要不惜一切代价将其消灭。一开始,在对微生物理论一无所知的情况下,我们是野蛮地将它们切除;随后,我们开发出了更卫生的外科手术技术;然后,我们开始用放化疗对其进行轰炸。从根本上说,免疫疗法就是我们通过全世界最先进的生物化学技术为免疫系统提供足够的帮助,使其能够使用更精确的工具来监控癌细胞。

免疫疗法是如何做到这一点的?答案是它们扰乱了 CTLA-4 传递的信号。恶性细胞试图继续分裂,但 T 细胞从来没有收到它们发出的"不要管我"的信号,因此 T 细胞会突然袭击,一举歼灭流氓细胞。这是理论上的过程。从哲学角度来看,癌症的免疫疗法与放化疗截然不同,后者就像在没有麻醉的情况下由

[①] CTLA-4,细胞毒性 T 淋巴细胞相关抗原 4,是 T 细胞表面激活分子,属于免疫球蛋白超家族成员,对 T 细胞增生起负性调节作用。——译者注

"庸医"切除肿瘤。如果仅靠身体的自然防御系统就可以完成这项工作，为何要让患者接受危险的放疗去破坏其细胞呢？

免疫疗法相关的某些方面暗示了一种循环的结束。在人类预期寿命翻番的故事中，首个重大进展便是建立在类似的基础之上，尽管当时的生物化学几乎算不上一门科学。人痘接种以及此后的各类疫苗都是通过一种类似的"细胞魔术"发挥作用的——它们迫使免疫系统制造出新的抗体来抵御威胁。抗生素一旦进入循环，就会自己动手完成工作，也就是说，入侵的细菌因直接接触进入人类血液的青霉素等化合物而死亡。但疫苗和免疫疗法则依靠的是不同的循环，它们并非从外部向里投掷炸弹，而是武装我们现有的防御系统。这很可能是医学的未来：越来越多的神奇药物被设计为可以让身体自愈。

元创新呢？在方法学上是否会出现像布拉德福德·希尔的随机对照试验或威廉·法尔的死亡率报告那样重大的突破？新冠疫情催生或加速了一些最具发展潜力的新理念，推动了多项数据收集和分析方面的新实验，这些实验可能在疫情防控期间挽救了数千人的生命，而且它们很可能从一开始就能够预防未来的大规模疫情。

令人难以置信的是，尽管有疾控中心和世卫组织这样的机构存在，但在新冠疫情早期，却没有一个公共卫生官员和研究人员可以访问、分析所有已知病例相关信息的数据库。但也正是在疫情暴发的早期，一个由世界各地的学者组成的临时机构创建了一份 21 世纪的法尔死亡率报告，这是唯一一个记录了全球新冠病毒感染病例的开源档案。到 2020 年 2 月初，后来为我们所知的新冠疫情开放数据工作组已经收集了 1 万例病例的详细记录。[8] 到 2020 年夏天，一个由数百名志愿者组成的非正式网络已经收集了全球 142 个国家的 100 多万例病例的记录。这很可能是目前关于病毒在人群中传播最为准确的描述。

当然，这类数据集最大的价值在于，其可以提供关于这种疾病未来发展路径的线索，以及这条路径可能如何被中断。但建立这些模型完全是世界各地的几个学术机构的临时工作。约翰斯·霍普金斯大学流行病学家凯特琳·里弗斯认为，新冠疫情清楚地表明，我们需要的一项关键创新是一种新的机构，里弗斯称之为疫情预测中心。然而，预测的质量取决于支持它们的基础数据，而在疾病暴发的情况下，大多数数据集，即使像新冠疫情开放数据工作组收集的那么全面的档案，都有一个关键的缺陷：信息收集得太晚了。当然，住院人数或死亡人数是至关重要的统计数据，但它们追踪的是疾病发展的最终阶段。就新冠病毒感染而言，等到民众到达医院时，距离首次接触病毒已经过去了大约 10 天。

对像这样的疾病，症状出现前的和无症状的携带者也能够传播病毒，报告的滞后可能会造成疫情失控和有效控制之间的巨大差异。最终死亡的典型病例的时间线如下，可能长至 30 天甚至更长：

感染→潜伏→症状出现前的传播→出现症状，
继续传播→就诊→住院→重症监护→死亡

在标准体制下，即使是在最好的情况下，数据收集也要到第10天才开始，也就是在就诊期间。新冠疫情促使我们开展了一系列鼓舞人心的实验，旨在将数据收集的时间提前。其中一些实验涉及所谓的哨点监测。在威廉·法尔的死亡率报告或约翰·斯诺的宽街霍乱疫情地图中，收集的数据位于疫情时间线的最右侧，因为它们追踪的都是死亡人数。今天，我们已经建立了从时间线的中段捕获数据的系统，也就是当某人因病前往诊所接受检测或者被收治时。但哨点监测通过在普通公众出现症状之前对具有代表性的样本进行检测，将时间线提前到更早的阶段。这种方法的一个例子是西雅图流感研究，这项研究始于2019年，它设置了检测亭，分析来自医院的样本，并向该市市民广泛分发家用鼻拭子，要求他们在出现呼吸道感染症状时将样本送去检测。最能说明问题的是，该项目是美国首个检测到新冠病毒社区传播的项目。

技术也可以帮助将时间线左移。旧金山的初创公司金萨（Kinsa）自2014年以来一直在销售联网温度计。从消费者的角度来看，金萨温度计的使用非常简单，但在后台，该设备会将有关结果的地理位置信息匿名发送到金萨服务器。这一新的数据流使该公司能够维护其所谓的全国健康天气图，实时报告异常发热情况，精确到各个县。[9]

从2020年3月4日开始，金萨的图开始追踪纽约在全面封锁前 19 天内发烧人数具有统计意义的增长。(该市于 3 月 1 日报告首例病例。)截至 3 月 10 日,尽管官方公布的病例数量仍然不到 200 例,但布鲁克林被记录在案的发热人数比正常水平高出 50%,这表明病毒已经在这 5 个行政区肆虐。

最能将数据收集时间线左移的技术,也可能是对未来疫情提供最有效防护的技术,将某些人群完全排除在外。威廉·法尔在 1840 年绘制出第一条流行病曲线所依据的基础数据仅限于人口出生和死亡的模式,这一点可以理解。哨点监测能够在人们前往医疗系统就诊之前检测到症状,从而在传播周期的早期发现信号。但是,对于过去几十年出现的许多相当可怕的疾病而言,最早的人类病例出现在一条长得多的时间线中间,可以追溯到病毒从动物传播给人类的那一刻。曾在 20 世纪 70 年代根除天花方面发挥了关键作用的流行病学家拉里·布里连特认为,最能有效将时间线左移的方法是动物监测,即建立能够追踪世界各地工厂化农场中疾病暴发情况的新系统,主要是在现在远远超过人类数量的 600 亿只以上的鸡中。[10]

将威廉·法尔的生命统计应用于动物疾病领域的原理很简单:一种新出现的人畜共患病在从动物传播到人类之前便被阻止。动物监测可以避免专家历来最担心的潜在疫情:类似于 1918 年禽流感的流感大暴发,这是超过 600 亿只鸡会带来的可怕意外后果。公共卫生数据始于最基本的统计形式,即某个地方在某一天中有多少人死亡。但在疫情防控期间,从生命统计的角度来看,人类的死亡表明的是之前发生的传染。另外,100

只死鸡则可能告诉我们未来也许出现的传染，甚至可能完全阻止传染的发生。

在10多年的时间里，美国政府资助了一个执行这种动物监测的项目，名为"预测"（Predict）。该项目从世界各地的动物身上收集了10万余个生物样本，在这个过程中发现了1 000多种新病毒。尽管在这段时间里仅仅花了2亿美元，这一金额在美国联邦政府预算中几乎可以忽略不计，但特朗普政府在2019年秋季关停了"预测"项目，而几周之后，有报道称中国武汉出现了一种令人担忧的新病毒。

和人类健康史上常常出现的情况一样，一些最能决定未来几十年人类寿命的进步很可能起源于看似不相关的领域。在19世纪，一种看似不太可能的关联来自土壤科学。到21世纪，对电脑游戏的研究很可能会出现一场与延长寿命类似的革命。

2017年12月初，谷歌子公司DeepMind发表了一篇研究论文，记录了它在名为阿尔法零（AlphaGo Zero）的尖端机器学习项目上取得的进展。[11] 2010年，一位名叫戴密斯·哈萨比斯的博学家在伦敦创立了DeepMind。20多岁时，他一直在研究认知神经科学和设计视频游戏之间摇摆不定，同时业余时间还下世界级国际象棋。作为初创公司，DeepMind在成立的头几年里一直在训练玩视频游戏的算法，不断挑战更为复杂的游戏——从《乓》到《太空侵略者》，再到《Q伯特》。这些早期游戏比较简单，DeepMind的成就因此显得不那么耀眼。毕竟，10多年来，计算机经常在国际象棋等更具挑战性的游戏中击败世界冠军。但哈萨比斯和他的团队在攻克一个关键限制——他们没有给他们的算法任何"小抄"。1996 年以击败卡斯帕罗夫而闻名的深蓝弈棋机已经配备了一个巨大的游戏数据库，包括一个由人类特级大师编制的棋谱库。人类对国际象棋策略的知识与穷举计算能力的融合，使深蓝能够利用该数据库以超人的速度计算潜在的走法及其效果。而 DeepMind 的算法却是在完全无知的状态下进入游戏，它关于策略的信息为零。它是基于一种被称为 Q 学习的人工智能新方法，也被称为深度强化学习。这种方法被认为是"无模型的"，因为该算法没有预先存在的系统模型——在 DeepMind 的游戏案例中，它在努力学习。它通过不断迭代，测试数十亿种不同的策略，从而实现自下而上的学习。哈萨比斯将其称为"白板式强化学习"。

在后来的研究中，DeepMind 开始用一种略不同的方法开发阿尔法零：该算法将学习如何通过与自己下棋来赢得围棋或国际象棋等棋类游戏的胜利。阿尔法零将仅从基本规则开始学习，如为何卒一次只能走一个方格，而象只能沿对角移动，等等。除了这些基本规则，阿尔法零在其第一盘国际象棋比赛中完全是一块白板。当然，虚拟棋盘另一边的棋手也同样无知，因为它是算法的复制版本。它们的首场比赛相当糟糕也就不足为奇了。一个刚加入国际象棋俱乐部的三年级学生都有可能打败它们。但仅仅 9 个小时后，阿尔法零就成了地球上最厉害的棋手。它似乎用短得离谱的时间积累了如此之多的知识，但其实算法在这 9 个小时里一直很忙，在单个工作日里下了4 400万盘棋。相较而言，人类特技大师终其一生可能会打10万场比赛。

有趣的是，与人类大师相比，阿尔法零在这9个小时里演变出的下棋风格具有不同寻常的攻击性。在随后的一篇论文中，DeepMind分析了其中一段训练过程，在这个过程中，算法自己发现了一套高排名棋手长期使用的策略。在将这些策略应用于数十万场棋局之后，阿尔法零放弃了它们，转而采用更有效的策略。（作家兼程序员詹姆斯·萨默斯在《纽约客》上对这一成就进行了评论，他写道："目睹人类最卓越的思想在追求更优的过程中被推翻，这很奇怪，也有点儿令人不安。"[12]）大师们花了几个世纪的时间，逐步积累了专业的棋艺知识来理解棋局中的深层策略，而阿尔法零仅在几个小时之内就自己学会了这些策略，然后超越了它们。

我认为，当50年后回顾这4 400万局比赛，我们会将其视为人类健康史上的一座里程碑，就像宽街上被拆除的水泵手柄，或者亚历山大·弗莱明在度假归来的清晨在窗边发现的发霉的培养皿一样重要。下国际象棋的能力只是人类智力的一小部分，因此，DeepMind可以用一个下午的时间培养出特级大师也并不能说明其有能力创造出可与智人一般智力匹敌的机器。然而，阿尔法零展示出的那种具有对抗性的开放式的学习特别适合健康生物化学的研究。（巧合的是，这与免疫系统学习攻击从未对付过的病原体的方式并无二致。）该算法不是修改新的国际象棋策略，而是会探索新的化合物，这些化合物可以用来摧毁致命病毒，或者切断癌细胞的失控生长，或是修复阿尔茨海默病患者受损的神经元。值得注意的是，DeepMind 于 2018 年发布的第一款与游戏无关的产品是算法 AlphaFold，该算法旨在根据基因序列预测蛋白质的 3D 结构，这一过程对理解由于蛋白质"错误折叠"导致的帕金森病或囊性纤维化等疾病以及设计抗击更广泛疾病的新药至关重要。

从某种意义上说，像 AlphaFold 及其衍生算法最终所做的事，可能和二战中期军方科学家从世界各地采集土壤样本，或者玛丽·亨特在皮奥里亚市场上的农产品货架前逗留类似，只不过它们是在数字领域。AlphaFold 不是在矿井和发霉的哈密瓜中寻找可能对人体有效的微生物，而是探索数十亿种组合模式，将虚拟氨基酸串联，形成复杂的 3D 形状，以在细胞层面上决定人类的健康。这将是一种发现机制，通过与模拟病原体进行数百万次模拟"游戏"来拓展相邻可能的边界，创造出前景无限、可能战胜"敌人"的新蛋白质结构。

如果未来的深度学习算法真的如同玛丽·亨特及其发霉的哈密瓜一样，这将会是一个特别及时的突破。今天，市面上所有的抗生素几乎都是在 1960 年之前发现的，当时青霉素的发现引发了一阵巨大的热潮。近年来，处方过量和工业化牲畜饲料中抗生素的使用导致了令人担忧的耐药性问题——细菌进化出了新的策略来躲避或对抗这些曾经的神奇药物。[13] 像 DeepMind 这样的算法确实可能会提升发现药物的速度、扩大发现药物的范围，使我们能比细菌进化出耐药性更快的速度设计出新的药物。但抗生素创新之所以停滞不前，并不仅仅是因为我们没有了发掘新发现的工具，还因为大型制药公司对这一领域失去了兴趣。治疗心血管疾病和癌症的昂贵药物才是摇钱树。更为便宜的药物，如只需服用小剂量的青霉素及其衍生物对营利公司来说并不赚钱。从零开始开发一种比现有抗生素效果好得多、足以提高其价格的新版本，很有可能耗费数百亿美元的成本。

这种可能出现的市场失灵导致一些人呼吁成立一种类似于全球性非政府组织的新机构来生产和分配现有抗生素，并积极资助开发新的变种，或许还可以用到 DeepMind 正在使用的一些技术。(我们完全可以说，这种机构最近的前身正是将青霉素引入全世界的综合网络，包括邓恩学院、洛克菲勒基金会、美国农业部、美国军队，以及默克和辉瑞等少数私人部门参与者。) 其中一些项目已经得到了惠康基金会等组织的大规模资助，该组织迄今已花费逾 6 亿美元支持抗生素的研发。然而，单一目标实体获得了价值数百亿美元的资源，依托覆盖全球的协作网络，或许能够推动人类与生命中最小的有机体的共生关系迈入新阶段。DeepMind 为我们提供了探索和观察的新方式：快速分析描述氨基酸链的数据，将其与细菌蛋白质折叠组合的无数种方式可视化。但一个专门致力于抗生素研发的全球性非营利组织将为我们提供一种真正的新增强方法。

然后是盲点问题。如果历史具有借鉴意义，医疗机构一些所谓广泛接受的共识在几十年后被证明是完全错误的，就像瘴气理论在斯诺的地图和科赫的显微镜下悄然蒸发一样。在今天的正统健康观念中，哪些核心部分又会让我们的子孙后代感到困惑？

对于这个问题，最具争议的答案源自医疗机构和硅谷超人类主义倡导者的边缘。他们认为，我们最大的盲点是相信生命必须结束的这一过时观念。如果衰老本身可以从灾难列表中去除，会怎样呢？

这种热情部分源自一种简单的统计学上的误解，这也许是我们大脑在处理概率问题时最常见的认知误区。如果不把儿童死亡率下降的重要性考虑在内，人类似乎正走在一条通往永生的明确道路上：一百年前，人的平均寿命是 40 岁，而现在是 80 岁。这种趋势只要再持续几十年，人类这一物种将达到某种人口逃逸速度。但是，平均预期寿命当然具有误导性：与一个世纪前相比，最大的变化不是我们能活到几百岁，而是在童年夭折的概率更低。

认真探究长生不老问题的研究人员当然了解这些人口统计学问题。他们对逆转衰老的时钟这一可能的信仰并非源自 20 世纪的成就，而是源于对所谓表观基因组的新认识。表观基因组是激活 DNA 并调节其表达的化学因子系统。你身体里的每一个细胞的遗传密码，都包含了构成人体的所有不同类型细胞的完整指令集，如肝细胞、血液细胞、神经元等。但是肝细胞只表达指令集中与肝细胞生成相关的部分，因为表观基因组已经调节了这种表达。科学家现在认为，衰老过程本身是特定表观遗传指令的结果。在这种情况下，衰老不仅仅是热力学第三定律的必然结果，也不仅是损耗带来的不可避免的衰退。20 多岁的人几乎不会表现出与年龄有关的衰老迹象，因为他们的细胞仍在遵循指令，保持自身正常的工作状态。但不知何故，在30岁之后，这些自我修复的指令就不那么严格了。从进化的角度来看，衰老可能是一种特征而非一种缺陷——身体细胞需要进行长期的自我修复，直至生育期结束，然后关闭维护程序，以便给下一代机会。或者，自然选择只是没有找到一种维持自我修复循环的方法。无论如何，我们都不是因为细胞分崩离析而死，而是因为表观基因组已经决定，我们不再值得修复。

但如果我们能翻转这个开关，就像免疫疗法阻断CTLA-4的信号一样呢？大约10年前，斯坦福大学遗传学教授张元豪发现，一种名为NF-kB（核因子kB）的蛋白质的释放会触发皮肤组织细胞的老化过程，抑制老年鼠的这种蛋白质会使它们的皮肤看起来明显更年轻。[14] 这一发现暗示了一种深远的可能。人体不断产生新的表皮细胞，一个皮肤细胞的平均寿命只有两三周。然而，八旬老人的表皮细胞与两周大婴儿的细胞并不相同。在细胞层面上，老年人身上的新皮肤是在未老化的情况下生成的。但是一个关键的生物学事件的确重置了时钟，那就是受精卵的形成。当两个40岁的人有了孩子，各自的精子和卵细胞都显示出明显的衰老迹象，这是因为表观遗传信号关闭了自我修复能力。但他们产生的受精卵没有显示出任何衰老迹象。生殖过程中的某些东西能够延缓衰老，在老的身体中产生新的细胞。

就在张元豪给他的实验小鼠注射NF-kB抑制剂的时候，一位名叫山中伸弥的日本生物学家发表了一项突破性的研究，记录

结语　再访波拉岛

了负责重置新受精卵时钟的四种关键基因。2016 年年末，美国索尔克生物研究所遗传学家胡安·卡洛斯·伊兹皮苏亚·贝尔蒙特宣布，他和他的同事已经用另外一组山中伸弥的四种基因改变了小鼠的遗传性状。贝尔蒙特创造了一种外部表观基因组来激活这些被称为山中因子的基因，他每周在小鼠的饮用水中投放两次药物，只有当小鼠饮用被投放了药物的水时，山中因子才会被激活。[15] 在早期实验中，山中因子不断发挥作用，导致小鼠死亡，但由于某种原因，只触发自我修复循环偶尔会产生更好的结果。转基因小鼠的寿命比对照组延长了 30%。其寿命延长不是通过治愈慢性病或杀死入侵体内的细菌，而是通过一种新的干预措施——延缓衰老过程。

由于衰老的过程可能相当复杂，也许永远不可能重置人类的"细胞时钟"，或者即便要实现这项生物技术，也是在数百年之后。但为了便于讨论，假设以英国细胞生物学家奥布里·德格雷为代表的超人类主义倡导者是正确的，假设我们正在以比过去一个世纪更快的速度更多地提升预期寿命的上限。这样的态势会对全社会产生怎样的影响？幸而人类已经获得了额外的两万天寿命，因此我们在这个方面有一些经验。我们已经看到，即使出生率下降，死亡率的下降仍然会导致人口爆炸性增长。我们已经看到了这样的增长可能对地球环境造成的破坏。数百万年来，这个星球的生态系统一直在与人类共同进化，但绝大多数时候，智人的总数只有数十万。在 17 世纪 60 年代，当约翰·格朗特首次统计死亡人数时，地球上只有 5 亿人；当大流感首次席卷全球时，地球上只有 20 亿人。如今，这一数字已接近 80 亿。想象一下，如果人们在 25 岁时便可选择冻结他们的生物钟，然后活好几个世纪，那么这个数字会变成多少。

至少有一点几乎可以肯定，那就是新上市的经过随机对照试验检验过的抗衰老药物一定价格高昂。德裔美国企业家彼得·蒂尔和美国未来学家雷·库兹韦尔将是首批试用者，但对美国的中产阶层来说，这种疗法太过昂贵，更不用说尼日利亚了。在不平等的状况经历了一个世纪的改善之后，死亡率表上将会出现新的梯度：这种梯度存在于长生不老的富人和终有一死的穷人之间。仅这一点就引出了深刻的伦理问题：仅仅基于银行里存款的多少，就允许一些人长生不老，而让另一些人缓慢衰老，直至死亡，这样做对吗？只向最富裕国家最富有的人提供这种选择，这样又对吗？

接下来就是对全球人口的影响问题。假设这条抛物线继续攀升，那么在短短一个世纪里，全球人口就会从 20 亿跃升至 80 亿，这张折线图就会变得非常可怕。但我们有充分的理由相信，全球的人口数量将在未来几十年内趋于稳定，因为全球南方将经历与 19 世纪第一批工业化国家相同的"人口转型"。这种模式最早出现于欧洲，后来在世界各地相继出现。接下来会出现一系列可预测的现象。儿童死亡率的下降导致人口膨胀，数百万原本会在青春期之前夭折的孩子活到了生育年龄。家庭仍以相同的速度生子，因为死亡率的降低需要一定的时间才能显现，才会成为社会规范。等人们意识到所有的子女都能活到成年时，改变策略为时已晚。因此，在人口膨胀的过程中会有一个效果暂未显现的时间段。但现代化最终会使更多女性加入劳动力大军，通常是进入人口密集的大都市，如此一来，她们对拥有人口众多的庞大家庭就不那么感兴趣。工业化往往会带来教育和节育手段的普及，这给了女性减少怀孕次数的新工具。在许多最先经历"人口转型"的社会中，出生率已降至更替水平以下，平均总和生育率不到2.1。假设这种模式适用于全球南方，这在一定程度上源于受到西方人厌恶的政府监管，全球人口增长应该会在2080年左右趋于平稳，在100亿以上。之后，人口最终将再次出现萎缩。

但如果我们停止衰老就不会出现上述情况。

如果人们逐渐接受这样一个前提，即人类的寿命有几百年之久，而非短短几十年，生育习惯也许随之调整。有三个主要指标控制着预期寿命和总体人口之间的关系：出生率、死亡率和父母首次生育的平均年龄。一个寿命更长、生育更多孩子的社会可以通过推迟为人父母的平均年龄来控制人口增长。如果平均寿命达到70岁，而父母首次生育的平均年龄是25岁，那么世界上将会出现很多祖父母甚至曾祖父母。这些共存的世代加在一起构成了总体人口。但如果在一个预期寿命为70岁的社会中，大多数人等到40岁才生孩子，那么祖父母和曾祖父母的数量将会少得多。如果能够在20多岁的身体里一直活到200岁，也许会导致人们对为人父母的想法发生根本性变化。我出生之时，首次生育的母亲的平均年龄刚刚超过20岁；今天，这个数字已接近30岁。

也许，对长生不老的人来说，他们会在65岁之前一直不生孩子，等到了65岁才决定要安定下来生儿育女。这可能会导致人口增长在一段时间内趋于平稳，但人口最终还是会赶超我们。

无论你从哪个角度抨击这些伦理困境和粗略预测，有一点不可否认：终结衰老过程将会是我们这个物种有史以来最重要的一件事。事实上，如果人们生活在一个死亡作为可选项的世界里，一切都会发生改变。这将对地球的承载能力构成新的巨大威胁。它将挑战世界上诸多宗教的许多核心教义，并带来有害无益的新形式的不平等。但与此同时，它也将移除灾难列表中最为顽固的一个，让数十亿人免于目睹父母、伴侣和其他亲人相继离世的悲剧，更无须忍受衰老带来的痛苦和屈辱。

如此深刻的变化值得深思。民意调查显示，大多数人并不希望从根本上延长寿命。相反，他们更希望享有更长的"健康期"，在这个期限里基本不受任何疾病或外伤的根本性损害，然后没有痛苦地快速死亡。大部分人宁愿拥有健康的心智和健全的身体，活到100岁，然后安然死去，而不是活上好几个世纪。[16]然而，在科技界亿万富翁和索尔克生物研究所等知名机构的资助下，关于长生的研究仍在推进。如果我们真的有可能通过重置细胞衰老的时钟，实现永久保持25岁的生命状态，作为一个物种，我们是否会在没有任何正式辩论的情况下就按下这个开关？谁应该决定我们是否迈出这一重要步伐？当然，这个选择不能完全由那些资助研究的富人来做。终结衰老过程需要在表观遗传学、基因编辑和其他上千个子学科方面取得进展。但它也可能迫使我们成立新的全球监管机构，帮助我们在如此复杂的选择中找到正确的方向。当 22 岁的弗朗西丝·奥尔德姆来到芝加哥大学时，我们还没能创建出一个能够保护人们免受药物意外致死带来的伤害的监管机构。我们可能需要成立一个类似的机构，帮助我们接受完全消除死亡的药物。

还有一种可能是我们所担心的是错误的问题。一个世纪以来，人类预期寿命不断增长，使得这一上升趋势似乎不可避免，这就是公共卫生领域的摩尔定律[①]。但是，如果这额外的两万天变成了一种反常现象呢？在美国，自"西班牙流感"结束以来，平均预期寿命首次连续三年下降。在我写本书时，新冠疫情仍在全球范围内蔓延。随着全球气温上升和人口爆炸至少持续到 2080 年，老龄化趋势有可能在下个世纪逆转吗？这次"逃离不平等"能回到现实吗？

1927 年，一位名叫唐·迪克森的脊柱按摩师决定调查他在伊利诺伊州中部的家庭农场上分布的奇怪土墩。没过多久，迪克森就意识到，他正在挖掘的是一处重要的考古遗址。他自己在挖掘过程中发现了数百具美洲原住民骸骨，这些骸骨数百年前被伊利诺伊河谷的原住民群体埋葬在仪式性的土墩里。迪克森尽量将骸骨留在原来的位置，并在挖掘现场搭起帐篷，开始把这里当作快

[①] 摩尔定律，由英特尔创始人之一戈登·摩尔提出，其核心内容为：集成电路上可以容纳的晶体管数目每 18 个月到 24 个月便会增加一倍。换言之，处理器的性能大约每两年翻一倍。——译者注

闪博物馆出售门票。最终，遗址上建起了一个传统的游客中心。今天，迪克森土墩是伊利诺伊州博物馆系统的成员，不过，出于对美洲原住民价值观的尊重，这些骸骨已经从展品中移除。

迪克森土墩引起了考古学家和人口学家的极大兴趣，原因与 20 世纪 60 年代末吸引南希·豪厄尔访问孔族人的原因相似。唐·迪克森农场上最早的墓葬可以追溯到大约一千年前，由居住在伊利诺伊河谷的狩猎采集者挖掘出来。由于这些骨骼保存得相对完好，古生物病理学家能够检查它们是否有疾病和营养不良的迹象，并根据对遗址中每具骨骼死亡年龄的粗略估计，为该族群构建生命表。这项调查结果所描绘的社会图景与豪厄尔在当今的孔族文化中的发现类似：该族群的平均预期寿命为 26 岁，略低于长期存在的"天花板"；婴儿和儿童死亡率略高于 30%。仅有 14% 的人口活到了 50 岁以上。

迪克森土墩不仅让我们对狩猎采集部落的健康状况有了简要的了解，也讲述了一个有关变化的故事。在公元 1150 年左右，该地区的美洲原住民首次从以狩猎采集为生转为以农业为生，主要形式是集约化玉米耕种。他们又延续了几个世纪的农业生活方式，直到某种原因使他们不再以以往的方式埋葬死者。向农业生活方式的转变在美洲原住民的骨骼上留下了不可磨灭的痕迹——牙釉质缺损表明了慢性营养不良，缺铁性贫血导致了骨骼畸形，脊柱出现退化可能是由于增加了艰苦的体力劳动。生命表表明了同样不乐观的情形：出生时的平均预期寿命下降了 7 岁，降至 19 岁；儿童死亡率超过 50%；只有 5% 的人能活到

结语　再访波拉岛

50岁。[17]农业生活方式的采用对于美洲原住民群体来说，就像威廉·法尔创建第一张生命表时，工业革命给利物浦家庭带来的影响一样具有破坏性。

通过对迪克森土墩的研究，人们得以了解出生与死亡的模式，随后，研究历史上的农业转型的古生物病理学家在世界各地都发现了这种模式。由于营养摄入的减少、传染病的增加以及繁重的体力劳动，死亡率出现飙升。大多数农业社会似乎都用了数千年的时间才恢复到狩猎采集者享有的预期寿命和儿童死亡率。今天，我们对农业怀有一种浪漫而质朴的情感，认为其在社会中扮演了中流砥柱的角色，但它最初作为一种经济生产方式出现时，就像19世纪初英国北部的工厂一样给人类带来了灾难性的后果。由于农业社会不仅缩短了预期寿命，还导致了新形式的经济不平等，美国演化生物学家贾雷德·戴蒙德称，农业的采用是"人类历史上最严重的错误"[18]。

在过去的一个世纪里，人类健康取得了奇迹般的进步——这种进步的衡量标准不仅仅是最发达社会的出生与死亡情况，但是真正放眼全球——我们正处在这一时期的末端，而迪克森土墩揭示的严重衰退似乎与我们目前的情况相去甚远。但这些骸骨上的损伤和骨折的痕迹提醒我们，"逃离不平等"的向上抛物线并非必然。早期社会对其组织形式做出了集体选择，导致人们寿命缩短而非延长，造成了预期寿命持续数千年的螺旋式下降。我们有充分的理由相信，如今，我们可以避免像祖先在农业时代之初经历的那种倒退。在工业化初期，预期寿命也出现了急剧下降，但死亡率报告、生命表、宽街疫情地图等所呈现的走势，表明了斗争与改革策略以及新的创新——它们在一两代人的时间里便扭转了这一下降趋势。今天，可供我们使用的工具更为强大。

新冠疫情防控期间的死亡率远低于大流感时期，部分原因是我们拥有了一百年前世界所缺乏的科学和公共卫生领域的专业知识。科学家们能够运用相应的工具识别新冠病毒基因组并对其进行测序，这些工具对抗击 1918 年疫情的科学家和医生来说，无异于魔法，互联网又使得光速分享信息成为可能。当首批疫苗于 2020 年 3 月进入一期临床试验时，制药公司可以使用奥斯汀·布拉德福德·希尔在 20 世纪 40 年代开创的统计技术来分析结果。机器学习算法搜索了大量的信息数据库，寻找可能治疗新冠病毒感染的潜在药物组合。流行病学家能够建立复杂的模型来预测疫情的发展路径，说服当局采取必要的封锁措施来阻止死亡率的上升。一百年前，与"西班牙流感"做斗争的医生和公共卫生官方机构几乎都没有上述资源可供利用。可以肯定的是，新冠疫情带来的代价是巨大的：大量人口死亡，经济动荡。我们也犯了不少错误，如在疫情暴发之初低估了疫情规模，未能采取佩戴口罩等简单的公共卫生干预措施。但如果没有最终到位的防护措施，还会有数百万人丧生。

未来，可能会有一种比新冠病毒更为致命的病毒突破我们的防御系统，引发一场堪比 1918 年大流感规模的疫情，或者一些"流氓技术"也许会导致大量人口死亡，从而逆转"逃离不平等"的趋势。但我认为，对我们在各领域苦苦奋斗而来的这额外的两万天寿命而言，最大的威胁正是来自这场胜利。如果一百年后，人类预期寿命下降，嫌疑最大的祸端将会是生活在工业社会中的 100 亿人对环境施加的影响。我们有极其先进的工具来感知全球变暖及其实际和潜在的影响，这得益于许多推动预期寿命延长的类似的多学科、公共部门网络，但我们似乎还没有毅力或机制来减少环境中的温室气体。寿命的延长导致了气候危机。也许，气候危机最终会导致寿命回归均值的趋势。

世界上没有任何一个地方比孟加拉国的波拉岛更能深刻体现这段历史和潜在的未来走向。40 年前，这里见证了人类在公共卫生领域取得了根除天花这一非凡成就，实现了杰斐逊近两个世纪前憧憬的梦想。但在根除天花后的几年里，该岛遭受了一连串特大洪水；自拉希马在该地区感染天花以来，已有近 50 万人流离失所。今天，由于全球变暖导致海平面不断上升，波拉岛的大片地区已经永久消失。到 2079 年，在我们的子孙后代庆祝根除天花一百周年之时，整个岛屿可能已经从世界地图上消失了。届时，他们的生命表会是什么样的？在过去一个世纪里推动了如此多积极变化的力量是否会继续推动"逃离不平等"？天花会不会只是从包括脊髓灰质炎、疟疾、流感等威胁在内的灾难列表中被移除的首个威胁？公共卫生平等主义的浪潮是否会继续水涨船高？或者，那些重大成就，那些意料之外的寿命，会被真正的洪流冲走吗？

致谢

我想任何一本关于生命奇迹的书都应该献给作者的母亲,但在本书中,感激之情另有其意义。近半个世纪以来,我的母亲一直致力于推动变革,为全世界的患者带来更为公平、更加人性化的医疗体验和健康结果。因为她,我从小就明白医学专业人士在社会中发挥的重要作用,并认识到健康领域的正向变化不仅源于科技进步,还是积极倡导与行动的结果——通常由患者及其家属发起。本书着重强调非专业人士以及社会运动在延长人类寿命方面的作用,部分原因是我对健康和医学史进行了多年的研究(可以追溯到我的《死亡街区》一书)。但其实还有部分原因是母亲的工作对我的影响。

关于本书,不得不提及另外两位鼓舞人心的人物。在流行病学领域于我而言亦师亦友的拉里·布里连特,他是本书的早期顾问,也是该项目在电视方面的重要合作者。(感谢马克·比尔和盖伊·兰帕德引介我与拉里相识,并与我进行了颇有助益的交流。）也感谢我的制片人简·鲁特，她相信这部电视剧的潜力，并在制作过程中克服千难万险，始终保持信念。我也感谢简在《新乌托邦》杂志组建的优秀团队，他们在开发本书和电视节目中的理念方面发挥了重要作用，并且成功应对了疫情时代制作电视节目在后勤方面的巨大挑战。这支团队的成员有：菲奥娜·考德威尔、尼古拉·穆迪、西蒙·威尔戈斯、卡尔·格里芬、海伦娜·泰特、特里斯坦·奎因、邓肯·辛格、海伦·塞奇、戴维·阿尔瓦拉多、贾森·苏斯伯格和珍·比米什。

与我的其他项目相比，本书的撰写得益于与许多来自不同学科和历史时期的专业人士的对话，他们包括：布鲁斯·耶林、何大一、南希·豪厄尔、洛娜·E. 索普、塔拉·C. 史密斯、马克·N. 古雷维奇、琳达·维拉罗萨、卡尔·齐默、约翰·布朗斯坦、吉姆·金、塞缪尔·斯卡尔皮诺、杰里米·法勒、安迪·斯拉维特、南希·布里斯托、安东尼·福西、克莱夫·汤普森、尹俊（音译），以及这档电视节目中多才多艺的联合主持人戴维·奥卢索加。马克斯·罗泽和 Our World in Data（数据看世界）团队为本书所有的"重要统计数据"提供了宝贵的帮助，他们真正继承了格朗特和法尔的衣钵。特别感谢我的妹夫马内什·帕特尔的专业建议，也特别感谢我的父母在如此艰难的一年里给予我宝贵的支持。感谢 SERJ 团队以宝贵的全局视角对本书进行的反思。感谢斯图尔特·布兰德和瑞安·费伦，他们帮助想出了本书的标题。

像这样的多平台项目有赖于许多不同的人和组织的贡献，首先是河源出版社的出版团队：在编辑本书的过程中，才华横溢的编辑考特妮·扬经历了孕期和疫情；在本书的修订过程中，我的出版商杰弗里·克洛斯克始终给予支持。也感谢杰奎琳·肖斯特、阿什利·加兰、林美芝（音译）和阿什利·萨顿。感谢我的资深编辑比尔·瓦希克和《纽约时报杂志》的杰克·西尔弗斯坦，他们很早就看到了这个项目的潜力。自合作《我们如何走到今天》以来，美国公共广播公司的比尔·加德纳始终致力于将我的理念呈现在荧屏上。我的播客制作人马歇尔·莱维和娜塔莉·希沙帮助我将本书中提及的部分历史故事同新冠疫情的现状联系起来。感谢为制作这档电视节目给予资金和内容支持的基金会和个人，尤其是斯隆基金会的多伦·韦伯，他不仅在制作这档电视节目的低谷期给了我极大的鼓励，还帮我找到了一种将今天的危机与过去的成功编织在一起的方法。还要感谢阿瑟·瓦伊宁·戴维斯基金会对该节目的支持。我的经纪人莉迪娅·威尔斯、瑞安·麦克尼利、西尔维·拉比诺、特拉维斯·邓拉普和杰伊·曼德尔，从容地解决了该项目遭遇的所有突发状况，并最终将其带至了美妙的终点。

最后，感谢我的妻子和儿子们，是他们让这美好的额外寿命变得有意义。

注释

引言　两万天
1. Starmans.
2. Erkoreka, 190−94.
3. Barry, 176.
4. 转引自 Opdycke, 168。
5. Barry, 397.
6. "在南非的城市中,死亡人数的 60% 是 20—40 岁的人。在芝加哥,20—40 岁人群的死亡人数几乎是 41—60 岁人群的死亡人数的 5 倍。瑞士一位医生'没有在 50 岁以上人群中看到严重的病例'"。Barry, 238.
7. 转引自 Barry, 364。
8. 数据源自 *Our World in Data*, https://ourworldindata.org/grapher/life-expectancy。
9. 数据源自 *Our World in Data*, https://ourworldindata.org/grapher/child-mortality-around-the-world。
10. Bernstein, Lenny. "U.S. Life Expectancy Declines Again, A Dismal Trend Not Seen Since World War I." *Washington Post*, November 29, 2018. www.washingtonpost.com/national/health-science/us-life-expectancy-declines-again-a-dismal-trend-not-seen-since-world-war-i/2018/11/28/ae58bc8c-f28c-11e8-bc79-68604ed88993_story.html?utm_term=.382543252d3c.
11. Fogel, "Catching Up with the Economy," 2.

第一章　长期存在的"天花板":衡量预期寿命
1. 旅途细节基于对南希·豪厄尔的一次采访。
2. Howell, *Life Histories of the Dobe !Kung*, 1−3.
3. Howell, *Demography of the Dobe !Kung*. loc. 535−38.
4. Sahlins.
5. Graunt, 41.

6. Graunt, 72.
7. Graunt, 135.
8. Howell, *Demography of the Dobe !Kung*, loc. 872–76.
9. Howell, *Demography of the Dobe !Kung*, loc. 851–55.
10. Howell, *Demography of the Dobe !Kung*, loc. 980–96.
11. 转引自 Devlin, 97。
12. Deaton, 81.
13. Hollingsworth, 54.
14. 在其他一些社会群体中，预期寿命有可能在更早的时候也出现过一些持续上升的趋势，只是没有被监测到，因为他们没有对其进行必要的记录和追踪。但根据我们所掌握的医学史和公共卫生史，这种情况不大可能发生。可以肯定的是，无论过去出现了哪种持续增长，都是昙花一现。等到世界各国开始准确记录死亡率数据时，这种增长已然消失。
15. Deaton, 163.
16. 转引自 Hadlow, 358。
17. Hadlow, 359.
18. Cox et al., 334.
19. Hollingsworth, 54.
20. 转引自 Rosen, 5–6。
21. Osler, 135.
22. McKeown, *The Role of Medicine*. x.
23. McKeown, *The Modern Rise of Population*. 15.

第二章 灾难列表之天花：人痘接种和疫苗

1. Needham, 124–34.
2. Razzell, 115.
3. 转引自 Hopkins, 206。
4. 米德医生说，他们干预的主要目的是"将血液的炎症控制在适当的范围内，同时促进致病物质通过皮肤排出"。转引自 Carrell, 47。
5. 转引自 Carrell, 73。
6. 转引自 Carrell, 82。
7. Gross and Sepkowitz, 54.
8. Gross and Sepkowitz, 54.
9. 转引自 James, 25。
10. 转引自 Leavell, 122。
11. Jefferson to John Vaughn, November 5, 1801. https://founders.archives.gov/documents/Jefferson/01-35-02-0464.
12. 转引自 Leavell, 124。
13. "Government Regulation." *The History of Vaccines*. https://www.historyofv

accines.org/index.php/content/articles/government-regulation.
14. Dickens, Charles. *Household Words Almanac.* djo.org.uk/household-words-almanac/year-1857/page-19.html.
15. Wolfe, 430–32.
16. 转引自 Fee and Fox, 107。
17. 转引自 Henderson, 884。
18. 转引自 Leavell, 122。
19. Foege, 76.

第三章　生命统计：数据和流行病学
1. Luckin, 33.
2. 转引自 Eyler, *Victorian Social Medicine*, 43。
3. Eyler, 29.
4. Eyler, 82.
5. Eyler, 92–95.
6. 参见 Johnson, *The Ghost Map*。
7. 转引自 Eyler, 156。
8. Lewis, 132.
9. Du Bois, 36.
10. Du Bois, 204–205.
11. Du Bois, 328.

第四章　牛奶安全：巴氏杀菌和加氯处理
1. Leslie, 18.
2. 转引自 Smith-Howard, 16。
3. Nelson.
4. Szreter, 25–26.
5. Hartley, 133.
6. *Frank Leslie's Illustrated Newspaper*, May 22, 1858. https://upload.wikimedia.org/wikipedia/commons/f/f6/Frank_Leslie%27s_Illustrated_Newspaper%2C_May_22%2C_1858%2C_front_page.jpg.
7. 转引自 Moss。
8. Dillon, 23.
9. "Pure Milk for the Poor." *New York Times*, May 16, 1894. https://timesmachine.nytimes.com/timesmachine/1894/05/16/106905450.html?pageNumber=9.
10. Smith-Howard, 22.
11. Straus, 98.
12. Smith-Howard, 33.
13. 欲了解更多里尔的工作，参见 Johnson, *How We Got to Now* (New York:

注释

Riverhead, 2014) and McGuire, *The Chlorine Revolution*.
14. "What's Behind NYC's Drastic Decrease in Infant Mortality Rates?"
15. Cutler and Miller, 2004, 13–15.
16. Straus, 116.
17. Ruxin, 395.
18. "Miracle Cure for an Old Scourge."
19. "Miracle Cure for an Old Scourge."
20. "Miracle Cure for an Old Scourge."
21. Gawande.
22. Ruxin, 396.

第五章 超越安慰剂效应：药品监管及检验

1. 转引自 Rosen, 242。
2. Barry, Kindle edition, 23.
3. Ballentine, 3–4.
4. "'Death Drug Hunt' Covered 15 States." *New York Times*, November 26, 1937, 42. https://timesmachine.nytimes.com/timesmachine/1937/11/26/94467337.html?action=click&contentCollection=Archives&module=ArticleEndCTA&region=ArchiveBody&pgtype=article&pageNumber=42.
5. 转引自 West。
6. Kelsey, 13.
7. Kelsey, 59.
8. Fisher, 49.
9. Hill, 1952, 113–19.
10. Doll and Hill, 743.
11. Eldridge, Lynne. "What Percentage of Smokers Get Lung Cancer?" VerywellHealth, June 26, 2020. verywellhealth.com/what-percentage-of-smokers-get-lung-cancer-2248868.
12. 所有引用均来自 2004 年对理查德·多尔的采访：https://cancerworld.net/senza-categoria/richard-doll-science-will-always-win-in-the-end。

第六章 改变世界的霉菌：抗生素

1. 转引自 Rosen, 94–95。
2. Williams, 162–65.
3. 转引自 Bendiner, 283。
4. Rosen, 45.
5. Macfarlane, 203.
6. Rosen, 123–25.
7. 转引自 Lax, 186。

8. 转引自 Lax, 190。
9. 严格来说，钱恩监督过一项涉及癌症患者的早期青霉素实验，尽管该实验的目的并非治愈癌症。
10. 转引自 "Committee on the History of the New York Section of the American Chemical Society 2007 Annual Report"。
11. Farris.
12. Wainwright, 190.
13. Wainwright, 193.

第七章 鸡蛋下落实验和火箭橇试验：汽车和工业安全

1. "Mary Ward, the First Person to be Killed in a Car Accident—31 August 1869." blog, August 30, 2013. https://blog.britishnewspaperarchive.co.uk/2013/08/30/mary-ward-the-first-person-to-be-killed-in-a-car-accident-31-august-1869.
2. Laskow.
3. Gangloff, 40.
4. DeHaven (1942), 5.
5. DeHaven (1942), 8.
6. Stapp, 100.
7. "The Man Behind High-Speed Safety Standards."
8. 转引自 Ryan, 107。
9. 转引自 Nader, 60。
10. Borroz.
11. Nader, 10.
12. 转引自 the 1965 *Congressional Quarterly*, 783。
13. United States Congress. *Congressional Record*. October 21, 1966. Vol. 112, 28618. https://www.google.com/books/edition/Congressional_Record/FBEb4lvtxMMC?hl=en&gbpv=1&dq=%22crusading+spirit+of+one+individual+who+believed+he+could+do+something%22&pg=PA28618&printsec=frontcover.
14. 据美国国家安全委员会汇编数据，参见：injuryfacts.nsc.org/motor-vehicle/historical-fatality-trends/deaths-and-rates。

第八章 喂饱世界：饥荒的减少

1. 参见 Kauffman, and Johnson, *Where Good Ideas Come From*。
2. Majd, 17.
3. Majd, 23.
4. Fogel, loc. 852.
5. McKeown, *The Modern Rise of Population*, 142.
6. McKeown, *The Modern Rise of Population*, 156.
7. Gráda, 10–24.

注释

8. 有关饥荒减少数据的绝佳概述，参见 https://ourworldindata.org/famines。
9. Adler, "How the Chicken Conquered the World."
10. Cushman, 40–43.
11. 印度肉鸡（家禽）年产量。https://www.indexmundi.com/agriculture/?country=in&commodity=broiler-meat&graph=production.

结语　再访波拉岛

1. 诚然，还没有一个大规模的现代社会能达到南希·豪厄尔在孔族社会中发现的平等主义水平。但在还没有出现资本的社会里，平等主义要容易实现得多。在一个真正的狩猎采集文化中，你能持有的财产只有那么多。可能旧石器时代有很多"阴谋家"想要变成史蒂夫·乔布斯（或者伯纳德·麦道夫），但他们做不到，因为狩猎采集文化的相邻可能使那样的财富积累无法想象。法国、荷兰、德国等许多国家花了大量时间对工业资本主义进行了修补乃至改进，似乎已经确定了民主社会主义模式，它为市场发展扫清障碍，同时拥有强大的安全保障和全民医疗保健，有了这种模式，就有可能成功建立平等水平相当高的国民经济。（遗憾的是，美国还没有接受这种模式。）根据图中的趋势，我们有充分的理由怀疑，同样的结果也可能出现在国与国之间——财富和寿命的梯度在未来几十年将继续缩小。
2. Fogel, *The Escape from Hunger and Premature Death*, loc. 804–18.
3. City Health Dashboard. https://www.cityhealthdashboard.com.
4. D'Agostino.
5. 参见 https://www.who.int/data/gho/data/themes/malaria。
6. Hammond et al., 80–83.
7. Richtel, 298–300.
8. Research Data Alliance. https://www.rd-alliance.org/groups/rda-covid19.
9. HealthWeather. https://healthweather.us/.
10. Johnson, "How Data Became."
11. Silver et al., 1140–42.
12. Somers.
13. Richtel, 248.
14. Adler et al., 3254–55.
15. "Turning Back Time."
16. Friend.
17. Cohen, 121.
18. Diamond, Jared. "The Worst Mistake in the History of the Human Race." *Discover*, May 1, 1999. https://www.discovermagazine.com/planet-earth/the-worst-mistake-in-the-history-of-the-human-race.

参考文献

Adler, Adam S., et al. "Motif Module Map Reveals Enforcement of Aging by Continual NF-kB Activity." *Genes and Development* 21, no. 24 (2007), 3244–57, doi:10.1101/gad.1588507.

Adler, Jerry. "How the Chicken Conquered the World." *Smithsonian Magazine*, June 1, 2012. www.smithsonianmag.com/history/how-the-chicken-conquered-the-world-87583657/#If RbIAss4zRjbFBE.99.

Aldrich, Mark. "History of Workplace Safety in the United States, 1880–1970." *EHnet*. www.eh.net/encyclopedia/history-of-workplace-safety-in-the-united-states-1880-1970.

Anderson, D. Mark, et al. "Public Health Efforts and the Decline in Urban Mortality: Reply to Cutler and Miller." *SSRN Electronic Journal*, 2019, doi:10.2139/ssrn.3314366.

Armitage, Peter. "Fisher, Bradford Hill, and Randomization." *International Journal of Epidemiology* 32, no. 6 (2003), 925–28, doi:10.1093/ije/dyg286.

———. "Obituary: Sir Austin Bradford Hill, 1897–1991." *Journal of the Royal Statistical Society: Series A (Statistics in Society)* 154, no. 3 (1991), 482–84, doi:10.1111/j.1467-985x.1991.tb00329.x.

Ballentine, Carol. "Taste of Raspberries, Taste of Death: The 1937 Elixir Sulfanilamide Incident." *FDA Consumer*, June 1981.

Barry, John M. *The Great Influenza: The Story of the Deadliest Pandemic in History*. New York: Penguin Books, 2018.

Bendiner, Elmer. "Alexander Fleming: Player with Microbes." *Hospital Practice* 24, no. 2 (1989), 283–316, doi:10.1080/21548331.1989.11703671.

Bloom, David E., et al. "The Value of Vaccination," in *Fighting the Diseases of Poverty*, edited by Philip Stevens. New York: Routledge, 2017, 214–38.

Borroz, Tony. "Strapping Success: The 3-Point Seatbelt Turns 50." *Wired*, June 4, 2017. www.wired.com/2009/08/strapping-success-the-3-point-seatbelt-turns-50.

Boylston, Arthur. "The Origins of Inoculation." *Journal of the Royal Society of Medicine* 105, no. 7 (2012), 309–13, doi:10.1258/jrsm.2012.12k044.

Bulletin of the World Health Organization. "Miracle Cure for an Old Scourge. An Interview with Dr. Dhiman Barua." March 4, 2011, www.who.int/bulletin/volumes/87/2/09-050209/en.

Burroughs Wellcome and Company. *The History of Inoculation and Vaccination for the Prevention and Treatment of Disease*. Lecture memoranda, Australasian Medical Congress, Auckland, N.Z., 1914.

Carrell, Jennifer Lee. *The Speckled Monster: A Historical Tale of Battling Smallpox*. New York: Plume, 2004.

Ciecka, James E. "The First Probability Based Calculations of Life Expectancies." *Journal of Legal Economics* 47 (2011), 47–58.

Cohen, Mark Nathan. *Health and the Rise of Civilization*. New Haven, CT: Yale University Press, 2011.

"Committee on the History of the New York Section of the American Chemical Society 2007 Annual Report." American Chemical Society. www.newyorkacs.org/reports/NYACS-Report2007/NYHistory.html.

Cox, Timothy M., et al. "King George III and Porphyria: An Elemental Hypothesis and Investigation." *The Lancet* 366, no. 9482 (2005), 332–35, doi:10.1016/s0140-6736(05)66991-7.

Cushman, G. T. *Guano and the Opening of the Pacific World: A Global Ecological History*. Cambridge, UK: Cambridge University Press, 2013.

Cutler, David, and Grant Miller. "The Role of Public Health Improvements in Health Advances: The Twentieth-Century United States." *Demography* 42 (2005), 1–22, doi:10.3386/w10511.

Cutler, David, et al. "The Determinants of Mortality." *Journal of Economic Perspectives* 20, no. 3 (Summer 2006), 97–120, doi:10.3386/w11963.

D'Agostino, Ryan. "How Does Bill Gates's Ingenious, Waterless, Life-Saving Toilet Work?" *Popular Mechanics*, November 7, 2018. www.popularmechanics.com/science/health/a24747871/bill-gates-life-saving-toilet.

Deaton, Angus. *The Great Escape: Health, Wealth, and the Origins of Inequality*. Princeton, NJ: Princeton University Press, 2015.

DeHaven, Hugh. "Mechanical Analysis of Survival in Falls from Heights of Fifty to One

Hundred and Fifty Feet." *Injury Prevention* 6, no. 1 (2000), doi:10.1136/ip.6.1.62-b.

Dillon, John J. *Seven Decades of Milk: A History of New York's Dairy Industry.* Ann Arbor, MI: University of Michigan Press, 1993.

Doll, Richard, and A. Bradford Hill. "Smoking and Carcinoma of the Lung." *The British Medical Journal* 2, no. 4682 (1950), 739–748, doi:10.1136/bmj.2.4682.739.

Doll, Richard, and A. Bradford Hill. "The Mortality of Doctors in Relation to Their Smoking Habits." *The British Medical Journal* 1, no. 4877 (1954), 1451–55, doi:10.1136/bmj.1.4877.1451.

Du Bois, W. E. B. *The Philadelphia Negro* (The Oxford W. E. B. Du Bois). Kindle edition. New York: Oxford University Press, 2014.

Erkoreka, Anton. "Origins of the Spanish Influenza Pandemic (1918–1920) and Its Relation to the First World War." *Journal of Molecular and Genetic Medicine* 3, no. 2 (2009), doi:10.4172/1747-0862.1000033.

Eyler, John M. "Constructing Vital Statistics: Thomas Rowe Edmonds and William Farr, 1835–1845." In A. Morabia, ed., *A History of Epidemiologic Methods and Concepts.* Basel, Switzerland: Birkhäuser, 2004, 149–57, doi:10.1007/978-3-0348-7603-2_4.

———. *Victorian Social Medicine: The Ideas and Methods of William Farr.* Baltimore: Johns Hopkins University Press, 1979.

Farris, Chris. "Moldy Mary...Or a Simple Messenger Girl?" *Peoria Magazine,* December 2019. www.peoriamagazines.com/pm/2019/dec/moldy-mary-or-simple-messenger-girl.

Fee, Elizabeth, and Daniel M. Fox. *AIDS: The Making of a Chronic Disease.* Oakland, CA: University of California Press, 1992.

Fisher, Ronald Aylmer. *The Design of Experiments*, 3rd ed. London: Oliver and Boyd, 1942.

Foege, William H. *House on Fire: The Fight to Eradicate Smallpox.* Oakland, CA: University of California Press, 2012.

Fogel, Robert W. "Catching Up with the Economy." *American Economic Review* 89, no. 1 (1999), 1–21, doi:10.1257/aer.89.1.1.

———. *The Escape from Hunger and Premature Death, 1700–2100.* New York: Cambridge University Press, 2003.

Frerichs, Ralph R. "Reverend Henry Whitehead." www.ph.ucla.edu/epi/snow/whitehead.html.

Friend, Tad. "Silicon Valley's Quest To Live Forever." *New Yorker*, March 27, 2017. www.newyorker.com/magazine/2017/04/03/silicon-valleys-quest-to-live-forever.

Galloway, James N., et al. "A Chronology of Human Understanding of the Nitrogen Cycle." *Philosophical Transactions of the Royal Society B: Biological*

Sciences 368, no. 1621 (2013), 20130120, doi:10.1098/rstb.2013.0120.
Gammino, Victoria M. "Polio Eradication, Microplanning and GIS." *Directions Magazine*—GIS News and Geospatial, July 16, 2017. www.directionsmag.com/article/1350.
Gammino, Victoria M., et al. "Using Geographic Information Systems to Track Polio Vaccination Team Performance: Pilot Project Report." *Journal of Infectious Diseases* 210, issue suppl. 1 (2014), doi:10.1093/infdis/jit285.
Gawande, Atul. "Slow Ideas." *New Yorker*, July 22, 2013. www.newyorker.com/magazine/2013/07/29/slow-ideas.
Gelfand, Henry M., and Joseph Posch. "The Recent Outbreak of Smallpox in Meschede, West Germany." *American Journal of Epidemiology* 93, no. 4 (1971), 234–37, doi:10.1093/oxfordjournals.aje.a121251.
Glass, D. V. "John Graunt and His Natural and Political Observations." *Notes and Records of the Royal Society of London* 19, no. 1 (1964), 63–100, doi:10.1098/rsnr.1964.0006.
Godfried, Isaac. "A Review of Recent Reinforcement Learning Applications to Healthcare." Medium, *Towards Data Science*, January 9, 2019.
Gráda, Cormac Ó. *Famine: A Short History*. Princeton, NJ: Princeton University Press, 2010.
Graunt, John. *Natural and Political Observations: Mentioned in a Following Index and Made upon the Bills of Mortality; With Reference to the Government, Religion, Trade, Growth, Air, Diseases, and the Several Changes of the Said City*. London: Martyn, 1676.
Griffith, G. Talbot. *Population Problems of the Age of Malthus*. Cambridge, UK: Cambridge University Press, 2010.
Gross, Cary P., and Kent A. Sepkowitz. "The Myth of the Medical Breakthrough: Smallpox, Vaccination, and Jenner Reconsidered." *International Journal of Infectious Diseases* 3, no. 1 (1998), 54–60, doi:10.1016/s1201-9712(98)90096-0.
Guerrant, Richard L., et al. "Cholera, Diarrhea, and Oral Rehydration Therapy: Triumph and Indictment." *Clinical Infectious Diseases* 37, no. 3 (2003), 398–405, doi:10.1086/376619.
Habakkuk, H. J. *Population Growth and Economic Development since 1750*. Leicester, UK: Leicester University Press, 1981.
Hadlow, Janice. *A Royal Experiment: The Private Life of King George III*. New York: Henry Holt and Company, 2014.
Hammond, Andrew, et al. "A CRISPR-Cas9 Gene Drive System Targeting Female Reproduction in the Malaria Mosquito Vector *Anopheles Gambiae*." *Nature Biotechnology* 34, no. 1 (2016), 78–83, doi:10.1038/nbt.3439.

Handley, J. B. "The Impact of Vaccines on Mortality Decline Since 1900—According to Published Science," Children's Health Defense, March 12, 2019. www.childrenshealthdefense.org/news/the-impact-of-vaccines-on-mortality-decline-since-1900-according-to-published-science.

Harris, Bernard. "Public Health, Nutrition, and the Decline of Mortality: The McKeown Thesis Revisited." *Social History of Medicine* 17, no. 3 (2004), 379–407.

Hartley, Robert Milham. *An Historical, Scientific, and Practical Essay on Milk, as an Article of Human Sustenance: With a Consideration of the Effects Consequent upon the Present Unnatural Methods of Producing It for the Supply of Large Cities*. London: Forgotten Books, 2016.

Henderson, Donald A. "A History of Eradication: Successes, Failures, and Controversies." *The Lancet* 379, no. 9819 (2012), 884–5.

Hill, A. Bradford. "The Clinical Trial." *New England Journal of Medicine* 247, no. 4 (1952), 113–19.

Hollingsworth, T. H. "Mortality." *Population Studies* 18, no. 2 (November 1964).

Hopkins, Donald R. *The Greatest Killer: Smallpox in History*, with a new introduction. Chicago: University of Chicago Press, 2002.

Howell, Nancy. *Demography of the Dobe !Kung*. Kindle edition. New York: Routledge, 2007.

———. *Life Histories of the Dobe !Kung: Food, Fatness, and Well-Being over the Life Span*. Oakland, CA: University of California Press, 2010.

Hull, Charles H. "Graunt or Petty?" *Political Science Quarterly* 11, no. 1 (1896), 105, doi:10.2307/2139604.

James, Portia P. *The Real McCoy: African-American Invention and Innovation, 1619–1930*. Washington, DC: Smithsonian Institution Press, 1990.

Jha, Prabhat, and Witold A. Zatonski, "Smoking and Premature Mortality: Reflections on the Contributions of Sir Richard Doll." *Canadian Medical Association Journal* 173, no. 5 (2005), 476–77, doi:10.1503/cmaj.050948.

Johnson, Steven. "How Data Became One of the Most Powerful Tools to Fight an Epidemic." *New York Times Magazine*, June 11, 2020. www.nytimes.com/interactive/2020/06/10/magazine/covid-data.html.

———. *The Ghost Map: The Story of London's Most Terrifying Epidemic— and How It Changed Science, Cities, and the Modern World*. New York: Riverhead, 2006.

———. *Where Good Ideas Come From: The Natural History of Innovation*. New York: Riverhead, 2011.

Kauffman, Stuart A. *Investigations*. New York: Oxford University Press, 2002.

Laskow, Sarah. "Railyards Were Once So Dangerous They Needed Their Own Railway Surgeons." *Atlas Obscura*, July 25 2018. www.atlasobscura.com/

articles/what-did-railway-surgeons-do.

Lax, Eric. *The Mold in Dr. Florey's Coat: The Story of the Penicillin Miracle.* New York: Henry Holt, 2005.

Leavell, B. S. "Thomas Jefferson and Smallpox Vaccination." *Transactions of the American Clinical and Climatological Association* 88 (1977), 119–27.

Leslie, Frank. *The Vegetarian Messenger* 10 (1858).

Lewis, David L. *W.E.B. Du Bois: A Biography, 1868–1963.* Kindle edition. New York: Henry Holt and Company, 2009.

Luckin, W. "The Final Catastrophe—Cholera in London, 1866." *Medical History* 21, no. 1 (1977), 32–42, doi:10.1017/s0025727300037157.

Macfarlane, Gwyn. *Howard Florey: The Making of a Great Scientist.* The Scientific Book Club, 1980.

Majd, Mohammad Gholi. *The Great Famine and Genocide in Persia, 1917–1919.* Lanham, MD: University Press of America, 2003.

"The Man Behind High-Speed Safety Standards." National Air and Space Museum, August 22, 2018. www.airandspace.si.edu/stories/editorial/man-behind-high-speed-safety-standards.

McGuire, Michael J. *The Chlorine Revolution: The History of Water Disinfection and the Fight to Save Lives.* American Denver: Water Works Association, 2013.

McKeown, Thomas. *The Role of Medicine: Dream, Mirage, or Nemesis?* Princeton, NJ: Princeton University Press, 2016.

———. *The Modern Rise of Population.* London: Edward Arnold, 1976.

McNeill, Leila. "The Woman Who Stood Between America and a Generation of 'Thalidomide Babies'." *Smithsonian Magazine*, May 8, 2017. www.smithsonianmag.com/science-nature/woman-who-stood-between-america-and-epidemic-birth-defects-180963165.

Moss, Tyler. "The 19th-Century Swill Milk Scandal That Poisoned Infants with Whiskey Runoff." *Atlas Obscura*, November 27, 2017. www.atlasobscura.com/articles/swill-milk-scandal-new-york-city.

Nader, Ralph. *Unsafe at Any Speed: The Designed-In Dangers of the American Automobile.* New York: Knightsbridge Publishing Co., 1991.

Najera, Rene F. "Black History Month: Onesimus Spreads Wisdom That Saves Lives of Bostonians During a Smallpox Epidemic." History of Vaccines. historyofvaccines.org/content/blog/onesimus-smallpox-boston-cotton-mather.

Needham, Joseph. "Biology and Biological Technology." *Science and Civilisation in China* 6, Part VI, Medicine. Cambridge, UK: Cambridge University Press, 2000.

Nelson, Bryn. "The Lingering Heat over Pasteurized Milk." *Science History*

Institute, April 18, 2019. www.sciencehistory.org/distillations/the-lingering-heat-over-pasteurized-milk.

Opdycke, Sandra. *The Flu Epidemic of 1918: America's Experience in the Global Health Crisis*. New York: Routledge, 2014.

Osler, William. *The Principles and Practice of Medicine*, 8th ed., Largely Rewritten and Thoroughly Revised with the Assistance of Thomas McCrae. Boston: D. Appleton & Company, 1912.

Parke, Davis & Company. *1907–8 Catalogue of the Products of the Laboratories of Parke, Davis & Company, Manufacturing Chemists, London, England*. wellcomecollection.org/works/w5g9s5ac.

Pinker, Steven. *Enlightenment Now: The Case for Reason, Science, Humanism, and Progress*. New York: Penguin Books, 2019.

Plough, Alonzo L. *Advancing Health and Well-Being: Using Evidence and Collaboration to Achieve Health Equity*. New York: Oxford University Press, 2018.

"Policy Impact: Seat Belts." Centers for Disease Control and Prevention, January 3, 2011.

Pordeli, Mohammad Reza, et al. "A Study of the Causes of Famine in Iran during World War I." *Review of European Studies* vol. 9, no. 2 (2017), 296, doi: 10.5539/res.v9n2p296.

Razzell, Peter Ernest. *The Conquest of Smallpox: The Impact of Inoculation on Smallpox Mortality in Eighteenth Century Britain*. London: Caliban Books, 2003.

Richtel, Matt. *An Elegant Defense: The Extraordinary New Science of the Immune System: A Tale in Four Lives*. New York: William Morrow, 2020.

Riedel, Stefan. "Edward Jenner and the History of Smallpox and Vaccination." *Baylor University Medical Center Proceedings* 18, no. 1(2005), 21–25, doi:10.1080/08998280.2005.11928028.

Riley, James C. *Rising Life Expectancy: A Global History*. New York: Cambridge University Press, 2015.

Rosen, William. *Miracle Cure: The Creation of Antibiotics and the Birth of Modern Medicine*. New York: Penguin Books, 2018.

Ruxin, Joshua Nalibow. "Magic Bullet: The History of Oral Rehydration Therapy." *Medical History* 38, no. 4 (1994), 363–97, doi:10.1017/s0025727300036905.

Ryan, Craig. *Sonic Wind: The Story of John Paul Stapp and How a Renegade Doctor Became the Fastest Man on Earth*. New York: Liveright, 2016.

Sahlins, Marshall. "The Original Affluent Society." Eco Action, 2005. www.eco-action.org/dt/affluent.html.

Saul, Toby. "Inside the Swift, Deadly History of the Spanish Flu Pandemic." *National Geographic*, March 5, 2020. www.nationalgeographic.com/history/

magazine/2018/03-04/history-spanish-flu-pandemic.
Schultz, Stanley G. "From a Pump Handle to Oral Rehydration Therapy: A Model of Translational Research." *Advances in Physiology Education* 31, no. 4 (2007), 288–93, doi:10.1152/advan.00068.2007.
Silver, David, et al. "A General Reinforcement Learning Algorithm That Masters Chess, Shogi, and Go Through Self-Play." *Science* 362, no. 6419 (2018), 1140–44, doi:10.1126/science.aar6404.
Smith-Howard, Kendra. *Pure and Modern Milk: An Environmental History since 1900*. New York: Oxford University Press, 2017.
Somers, James. "How the Artificial Intelligence Program AlphaZero Mastered Its Games." *New Yorker*, December 28, 2018. www.newyorker.com/science/elements/how-the-artificial-intelligence-program-alphazero-mastered-its-games.
Stapp, J. P. "Problems of Human Engineering in Regard to Sudden Decelerative Forces on Man." *Military Medicine* 103, no. 2 (1948), 99–102, doi:10.1093/milmed/103.2.99.
Starmans, Barbara J. "Spanish Influenza of 1918." *The Social Historian*, September 7, 2015. www.thesocialhistorian.com/spanish-influenza-of-1918.
Straus, Nathan. *Disease in Milk: The Remedy Pasteurization: The Life Work of Nathan Straus*. Smithtown, NY: Straus Historical Society, Inc., 2016.
Szreter, Simon. "The Importance of Social Intervention in Britain's Mortality Decline c.1850–1914: A Re-Interpretation of the Role of Public Health." *Social History of Medicine* 1, no. 1 (1988), 1–38, doi:10.1093/shm/1.1.1.
"Turning Back Time: Salk Scientists Reverse Signs of Aging." *Salk News*, December 15, 2016. www.salk.edu/news-release/turning-back-time-salk-scientists-reverse-signs-aging.
"The Value of Vaccination." *The Lancet* 200, no. 5178 (1922), 1139, doi:10.1016/s0140-6736(01)01172-2.
Wagstaff, Anna. "Richard Doll: Science Will Always Win in the End." *Cancerworld*, November 23, 2017. https://archive.cancerworld.net/wp-content/uploads/2017/11/Masterpiece.pdf.
Wainwright, Milton. "Hitler's Penicillin." *Perspectives in Biology and Medicine* 47, no. 2 (2004), 189–198, doi:10.1353/pbm.2004.0037.
West, Julian G. "The Accidental Poison That Founded the Modern FDA." *The Atlantic*, January 16, 2018. https://www.theatlantic.com/technology/archive/2018/01/the accidental-poison-that-founded-the-modern-fda/550574.
"What's Behind NYC's Drastic Decrease in Infant Mortality Rates?" National Institute for Children's Health Quality, July 24, 2017. www.nichq.org/insight/whats-behind-nycs-drastic-decrease-infant-mortality-rates.
Whitehead, M. "William Farr's Legacy to the Study of Inequalities in Health."

Bulletin of the World Health Organization, 2000. www.ncbi.nlm.nih.gov/pmc/articles/PMC2560600.

Williams, Max. *Reinhard Heydrich: The Biography, Volume 2: Enigma*.Church Stretton, UK: Ulric Publishing, 2003.

Winter, R. et al. "Deep Learning for De Novo Drug Design." Interdisziplinärer Kongress | Ultraschall 2019-43. Dreiländertreffen DEGUM | ÖGUM | SGUM, 2019, doi:10.1055/s-0039-1695913.

Wolfe, Robert M., and Lisa Sharp. "Anti-Vaccinationists Past and Present." *BMJ* 325, no. 7361 (2002), 430-32, doi:10.1136/bmj.325.7361.430.

Zaimeche, Salah, and Salim Al-Hassani. "Lady Montagu and the Introduction of Smallpox Inoculation to England." *Muslim Heritage*, February 16, 2010. muslimheritage.com/lady-montagu-smallpox-inoculation-england.